MESMER

ET

LE MAGNÉTISME ANIMAL

PAR

ERNEST BERSOT

PARIS

LIBRAIRIE DE L. HACHETTE ET Cᵢₑ

RUE PIERRE-SARRAZIN, Nº 14

—

1853

MESMER

ET

LE MAGNÉTISME ANIMAL.

PREMIÈRE PARTIE.

HISTOIRE.

I.

Mesmer. — Ses commencements en Allemagne. — Thèse sur l'influence des planètes. — Rencontre avec le père Hell, avec Gassner.

Mesmer naquit en 1734, en Allemagne; les uns disent à Vienne, d'autres à Weiler, d'autres à Mersebourg. En 1766, il se fit recevoir docteur médecin à la faculté de Vienne. Le sujet de sa thèse était : *De l'influence des planètes sur le corps humain*. Comme les planètes agissent les unes sur les autres, comme le soleil et la lune agissent sur notre atmosphère et sur nos mers, il concluait que ces grands corps agissent aussi sur les corps animés, particulièrement sur le système nerveux,

21   *a*

moyennant un fluide très-subtil qui pénètre tout.
Et de même que, sous cette influence, il s'opère
dans la mer un flux et un reflux, aussi, dans les
corps animés, il y a une tension et une rémission,
des sortes de marées. Ce fluide subtil, l'agent général de tous ces changements, ressemble beaucoup par ses propriétés à l'aimant. En conséquence, il s'appellera *Magnétisme animal.*

Vers 1774, Mesmer fit la rencontre du père Hell,
jésuite, professeur d'astronomie. Ce père, établi à
Vienne, guérissait des maladies au moyen de fers
aimantés. Il avait notamment guéri une dame
d'une maladie de cœur chronique, et s'était guéri
lui-même d'un rhumatisme aigu. Vingt ans auparavant, Lenoble s'était distingué dans la construction
de ces aimants; et il y avait deux siècles que Paracelse avait recommandé ce remède contre les maux
de dents. Mesmer, frappé des expériences qu'il
avait sous les yeux, et trouvant dans ces effets la
confirmation de ses théories astronomiques, établit
chez lui une maison de santé, dans laquelle il s'of-
frait à traiter gratuitement les malades par les
mêmes procédés. Magnétisant et électrisant, il fit
construire des lames et des anneaux aimantés,
qu'il adressa à ses confrères dans diverses parties
de l'Allemagne, et publia dans les journaux de
Vienne les cures qu'il opérait. Plusieurs personnages attestèrent qu'elles avaient été guéries de dif-

férentes maladies ; parmi lesquelles le conseiller Osterwald, directeur de l'académie des sciences de Munich, atteint de paralysie.

Peu à peu Mesmer s'émancipa, et prétendit pouvoir se passer des appareils du père Hell; il soutint l'existence du magnétisme animal essentiellement distinct de l'aimant ainsi que de l'électricité; il renonça complétement, en 1773, à l'emploi de ces deux derniers agents.

Pendant ce temps, il avait tenté des cures, se débattait contre les savants de son pays, et les réfutait dans une lettre explicative adressée à la plupart des académies et des savants de l'Europe. L'académie de Berlin seule répondit, et répondit qu'à son avis il était dans l'illusion.

Fatigué de ces luttes, il voyage en Souabe et en Suisse. Dans ce dernier pays, il rencontre encore un homme extraordinaire qui guérissait d'une façon merveilleuse les maladies du corps : c'était autre chose que l'aimant. Gassner, ecclésiastique suisse, pour chasser les maux, exorcisait les malades, et réussissait. Il ne s'agissait que de savoir si les maux étaient naturels ou diaboliques. Il ordonnait donc à Satan de se déclarer, par trois interpellations et trois signes de croix. S'il n'y avait nulle réponse, le mal était naturel, et on le traitait par les remèdes ordinaires; s'il survenait des convulsions, c'était signe de la présence du diable, et

Gassner, par des paroles sacrées et des attouchements d'objets religieux, le chassait. Quand arrivait une rechute, il accusait les malades d'avoir péché ou manqué de foi dans l'intervalle. Selon ces idées, il avait, en 1774, écrit un livre : *Manière de vivre pieux et bien portant.* Renvoyé par l'évêque de Mersebourg, appelé par l'évêque de Ratisbonne, il fit des prodiges. Le fameux Lavater avait en lui la foi la plus entière; il propagea plus tard le magnétisme dans l'Allemagne. Mesmer vit opérer Gassner, reconnut les guérisons, et les attribua au magnétisme animal.

Retourné à Vienne, Mesmer traita une fille de dix-huit ans, aveugle depuis l'âge de quatre ans, et prétendit lui avoir rendu la vue. Comment se fit-il qu'après avoir publié par écrit sa reconnaissance, le père se présenta l'épée à la main chez Mesmer pour lui reprendre sa fille, qui résistait? Comment se fit-il que cette malheureuse fut jetée la tête contre la muraille « par sa barbare mère? » Cela n'est pas très-clair. Toujours est-il que l'impératrice envoya l'ordre à Mesmer « de finir cette supercherie. »

II.

Mesmer à Paris. — Mémoire sur la découverte du magnétisme. — Le baquet de Mesmer. — La Harpe au baquet; Mesmer chez d'Holbach. — Le temps favorable au magnétisme.

Mesmer part et se rend à Paris (février 1778), où il publie son *Mémoire sur la découverte du magnétisme* (1779), livre moitié astronomique, moitié médical, où il annonçait la découverte de la panacée universelle. Pourvu qu'il connaisse et qu'il sache diriger le fluide magnétique, le médecin « jugera sûrement l'origine, la nature et les progrès des maladies, même des plus compliquées, en empêchera l'accroissement et parviendra à leur guérison sans aucun danger. Il guérira directement les maladies de nerfs, indirectement toutes les autres. L'*Art de guérir parviendra ainsi à sa dernière perfection. La nature offre un moyen universel de guérir et de préserver les hommes.* »

Il trouva un disciple tout prêt dans Deslon, docteur régent de la Faculté et premier médecin du comte d'Artois. Il l'initia à sa doctrine : voyons-les à l'œuvre.

Au milieu d'une grande salle est une caisse circulaire, en bois de chêne, élevée d'un pied ou d'un pied et demi, qu'on nomme le baquet. Ce baquet renferme simplement de l'eau, et dans cette eau divers objets, tels que verre pilé, limaille, etc., ou encore ces mêmes objets à sec, sans que rien soit électrisé ou aimanté. Le couvercle est percé d'un certain nombre de trous, d'où sortent des branches de fer coudées et mobiles. Dans un coin de la salle est un piano-forte; on y joue différents airs sur des mouvements variés, surtout vers la fin des séances. On y joint quelquefois du chant. Les portes et les fenêtres de la salle sont exactement fermées : des rideaux ne laissent pénétrer qu'une lumière douce et faible. Les malades en silence forment plusieurs rangs autour de ce baquet, et chacun a sa branche de fer, qui, au moyen d'un coude, peut être appliquée sur la partie malade. Une corde passée autour de leur corps les unit les uns aux autres. Quelquefois on forme une seconde chaîne en se communiquant par les mains, c'est-à-dire en appliquant le pouce entre le pouce et le doigt index de son voisin : alors on presse le pouce qu'on tient ainsi; l'impression reçue à la gauche se rend par la droite, et elle circule à la ronde. Tous ceux qui magnétisent ont à la main une baguette de fer longue de dix à douze pouces. A ceux qui demandent quelque chose à boire on donne de l'eau où est dissoute de la crème de tartre.

Les malades sont magnétisés à la fois par les branches de fer, par la corde, par l'union des pouces, par le son du piano ou de la voix qui chante. En outre, le magnétiseur, fixant les yeux sur eux, promène devant leur corps ou sur leur corps sa baguette ou sa main, descend des épaules aux extrémités des bras, touche le lieu malade, les hypocondres et les régions du bas-ventre, quelquefois pendant plusieurs heures. « Alors, rapporte Bailly, les malades offrent un tableau très-varié. Quelques-uns sont calmes et n'éprouvent rien; d'autres toussent, crachent, sentent quelque légère douleur, une chaleur locale ou une chaleur universelle, et ont des sueurs; d'autres sont agités et tourmentés par des convulsions. Ces convulsions sont extraordinaires par leur nombre, par leur durée et par leur force. Les commissaires en ont vu durer plus de trois heures. Elles sont caractérisées par les mouvements précipités, involontaires, de tous les membres et du corps entier, par le resserrement à la gorge, par des soubresauts des hypocondres et de l'épigastre, par le trouble et l'égarement des yeux, par des cris perçants, des pleurs, des hoquets et des ris immodérés. Elles sont précédées ou suivies d'un état de langueur et de rêverie, d'une sorte d'abattement et même d'assoupissement. Le moindre bruit imprévu cause des tressaillements; et l'on a remarqué que le changement de ton et de mesure dans les airs joués sur le piano-forte influait sur les malades, en sorte qu'un mouvement plus vif les agitait davantage et renouvelait la vivacité de leurs convulsions. On voit des malades se chercher exclusivement, et, en se précipitant l'un vers l'autre, se sourire, se parler avec affection et adoucir mutuellement leurs crises. Tous sont soumis à celui qui magnétise; ils ont beau être dans un assoupissement apparent; sa voix, un regard, un signe les en retire. On ne peut s'empêcher de reconnaître, à ces effets constants, une grande puissance qui agite les malades, les maîtrise, et dont celui qui magnétise semble être le dépositaire. Cet état convulsif est appelé *crise*. Les commissaires ont observé que, dans le nombre des malades en crise, il y a toujours beaucoup de femmes et peu d'hommes; que ces crises étaient une ou deux heures à s'établir; et que dès qu'il y en avait une d'établie, toutes les autres commençaient successivement et en peu de temps. » Le maître de cette foule était ici Mesmer, vêtu d'un habit de soie lilas ou de toute autre couleur agréable, promenant sa baguette avec une autorité souveraine, là Deslon avec ses aides qu'il choisissait jeunes et beaux. Les salles où ces scènes se passaient avaient reçu, dans le monde, le nom d'*enfer à convulsions*.

On magnétisait, outre l'homme, des objets inanimés, surtout les arbres, puis on attachait au tronc, aux branches, des cordes que les malades appliquaient à leurs maux. Quand c'était de l'eau qu'on magnétisait, elle prenait, pour le malade en crise, un goût et une température tout particuliers.

Il y eut de petits échecs : on ne réussissait pas à tous les coups, et, si le témoin de cet insuccès était quelque homme de lettres, un de ceux qui contribuent à faire l'opinion, le magnétisme en souffrait. La Harpe alla chez Deslon huit jours de suite sans rien éprouver entre les mains du magnétiseur. Il demanda de la limonade et la trouva un peu aigrelette. C'était une médecine : « Je vis fort bien que pour me faire quelque chose, on n'avait trouvé rien de mieux que de me purger. » Enfin il emporta et il communiqua partout l'impression qu'il consigne dans ses *Lettres*. « Je n'y ai rien vu, en mon âme et conscience, qui ne m'ait paru ridicule et dégoûtant, hors l'harmonica dont on joue de temps en temps dans la salle du baquet. »

Le maître avait déjà échoué chez d'Holbach. Il avait une lettre de recommandation pour le baron. Peu après son arrivée à Paris, il la présenta et fut invité à dîner avec tous les philosophes de la société. « Soit que lui-même, soit que ses auditeurs fussent mal préparés aux merveilleux effets du magnétisme, il ne fit ce jour-là, dit Grimm, aucune impression sur personne; et depuis ce fâ-

cheux contre-temps, il n'a plus reparu chez
M. d'Holbach. » Ne voilà-t-il pas que, pour humi-
lier Mesmer, au même moment, le docteur Thou-
venel, un savant chimiste, avait composé une pré-
paration de poudre d'aimant fortement électrisée,
dont il suffisait de se frotter les mains ou de porter des sachets dans sa poche pour produire à peu
près les mêmes effets que produisait Mesmer? Il
parvint à en faire éprouver chez d'Holbach à plusieurs personnes, sur qui le doigt de Mesmer
n'avait fait aucune impression.

En somme, Mesmer arriva et séjourna à Paris
dans un temps favorable. Voltaire mourait. Il avait
pendant cinquante ans surveillé la raison en tuteur
assez sévère, qui ne lui passait pas la plus petite
fantaisie, le plus petit excès : lui mort, elle s'échappait. Puis, on était dans un moment de confiance
superbe en la puissance de l'esprit humain : on
avait découvert l'inoculation, Franklin avait trouvé
le paratonnerre, les frères Montgolfier inventaient
les aérostats. Si on avait pu cela, que ne pouvait-
on pas? Condorcet, peu d'années après, devait
bien promettre qu'on ne mourrait plus! Quand des
philosophes se permettaient ces présages, la foule
avait le droit d'espérer et de croire un peu plus
qu'il n'est permis. Aussi le merveilleux parut alors
tout naturel. Les journaux annoncent qu'un homme
a trouvé le moyen de marcher sur l'eau sans en-

foncer; on attend une souscription assez considérable pour l'inviter à faire une expérience sur la
Seine. Immédiatement la souscription se remplit :
toute la cour y contribue. Une seule personne se
permet de douter; c'est le roi. Bien entendu que
l'homme en question ne se présenta pas, et n'exis-
tait que dans les journaux. On rit, on tourna honnêtement la souscription en œuvre de charité, et
on ne se corrigea point. C'est en effet la logique
de tous les temps : on voyage en ballon dans l'air,
donc on peut marcher sur l'eau; on communique
en un instant à de grandes distances par des fils
électriques, donc on peut s'entendre sur l'heure
d'un bout à l'autre du monde au moyen de boussoles magnétiques ou d'escargots sympathiques. La
démarcation entre le possible et l'impossible est
toujours flottante, et particulièrement à de certaines époques de succès.

Déjà sous Mᵐᵉ de Pompadour, un personnage
célèbre, le comte de Saint-Germain représentait le
mystère. Il prétendait vivre depuis des siècles, il
parlait de Charles-Quint, de François Iᵉʳ, de Jésus-
Christ, comme de ses contemporains, ayant, dans
cet intervalle, recueilli d'admirables secrets; et
après lui, Cagliostro continuait sa tradition. Grimm
nous a laissé ce mot sur lui : « A la sollicitation
du cardinal de Rohan, Cagliostro vint de Strasbourg
à Paris voir le prince de Soubise dangereusement

malade ; il n'arriva que lors de sa convalescence.
Quelques personnes de la société de M. le cardinal,
qui ont été à portée de le consulter, se sont fort
bien trouvées de ses ordonnances, et n'ont jamais
pu parvenir à lui faire accepter la moindre marque
de leur reconnaissance. On a soupçonné longtemps
le comte de Cagliostro d'être un valet de chambre
de ce fameux M. de Saint-Germain qui fit tant parler de lui sous le règne de Mme de Pompadour ; on
croit aujourd'hui qu'il est le fils d'un directeur des
mines de Lima ; ce qu'il y a de certain, c'est qu'il
a l'accent espagnol (quatre ans plus tard, on lui
trouvait l'accent napolitain), et qu'il paraît fort riche. Un jour qu'on le pressait chez Mme la comtesse de Brienne de s'expliquer sur l'origine d'une
existence si surprenante et si mystérieuse, il répondit en riant : — Tout ce que je puis dire, c'est que
je suis né au milieu de la mer Rouge, et que j'ai
été élevé sous les ruines d'une pyramide d'Égypte ;
c'est là que, abandonné de mes parents, j'ai
trouvé un bon vieillard qui a pris soin de moi ;
je tiens de lui tout ce que je sais. »

Mesmer trouva ainsi un allié naturel dans le
mysticisme qui couvait sourdement. Il y avait en
France des disciples secrets de Swedenborg et de
Saint-Martin, auxquels le magnétisme devait convenir, car il y a chez le mystique et chez le magnétiseur une prétention commune, la prétention

d'établir des rapports directs d'âme à âme sans l'intermédiaire du corps. Swedenborg a voyagé vingt-quatre ans dans le monde des esprits, et a raconté ce qu'il y a vu ; le magnétisme fut d'abord très-modeste, mais depuis il s'est émancipé.

III.

Premières relations avec les corps savants : avec l'Académie des sciences, la Société royale de médecine, la Faculté de médecine. — Mesmer menace de quitter la France. — Offres que lui fait le gouvernement, refusées. — Il se rend à Spa.

Les relations de Mesmer et de Deslon avec les corps savants furent fâcheuses. Ils eurent affaire successivement avec l'Académie des sciences, la Société royale de médecine, la Faculté de médecine, et n'eurent pas à s'en louer.

Dès son arrivée à Paris, Mesmer fit des démarches auprès de M. Le Roi, alors président de l'Académie des sciences. Celui-ci avait vu chez Mesmer des expériences, et voulut bien se charger de faire un rapport à sa compagnie sur les opinions de ce médecin. Il s'apprêtait à le lire quand Mesmer, jugeant l'auditoire inattentif ce jour-là, et les esprits très-mal disposés, insista pour qu'il remît la chose à un autre jour, qui ne vint pas. Retiré à Créteil avec quelques malades, il écrivit à l'Académie qu'il était prêt à faire des expériences sur ces malades devant les députés qu'elle nommerait. L'Académie ne jugea pas les conditions d'une bonne information suffisantes, et refusa.

Il s'adressa alors à la Société royale de médecine. Il fut convenu que plusieurs membres de cette Société examineraient les procédés de Mesmer, mais que d'abord ils constateraient l'état des malades. On ne s'entendit pas sur une première malade, présentée par Mesmer comme épileptique, sans que les médecins en fussent assez convaincus. En conséquence il ne leur envoya plus personne à examiner. Tout à coup il est averti qu'une commission arrive à Creteil. Il proteste et refuse, et va se plaindre aux commissaires de leur procédé. Ceux-ci prétendent qu'ils ont voulu accéder à une demande de Mesmer, qui désavoue toutes démarches. On se sépare avec aigreur. A une lettre de la Société, qui lui rappelle la condition convenue de l'examen préalable des malades, Mesmer répond par une simple invitation de prendre jour pour se rendre à Creteil, substituant à l'examen préalable par les commissaires eux-mêmes les attestations de médecins. La Société refusa décidément. Il lui parut sans doute que pour être certains que des malades eussent été guéris, il fallait être certains que les gens guéris eussent été malades.

Enfin le magnétisme eut affaire avec la Faculté de médecine. Deslon, professeur de cette faculté, nouveau converti, et qui venait de publier ses *Ob-servations sur le magnétisme animal*, demanda à ses collègues une assemblée générale pour y rendre compte des observations qu'il avait faites et des propositions de Mesmer. On la lui accorda suivant les statuts. Pendant ce temps l'irritation contre le transfuge croissait, et un jeune professeur, M. de Vauzèmes, s'étant proposé pour accuser Deslon d'avoir manqué à l'honneur et aux règlements de la Faculté et demander sa radiation de la liste des docteurs-régents, on fixa pour ses interpellations le même jour qu'on avait fixé à Deslon (sep-tembre 1780). La séance débuta par le discours de M. de Vauzèmes, discours violent. Deslon répliqua avec mesure et communiqua les propositions de Mesmer. Vingt-quatre malades devaient être choisis par la Faculté et par l'auteur. Douze seraient traités par la Faculté, douze par l'auteur; et les malades seraient tirés au sort. Leur état serait constaté par la Faculté, par l'auteur et des commissaires du gouvernement. Les juges des résultats seraient les commissaires du gouvernement; mais afin d'éviter tout soupçon de partialité, ils ne pourraient être pris dans aucun corps de médecine. La Faculté rejeta les propositions de Mesmer, suspendit Deslon pour un an, de voix délibérative dans les assemblées de la Faculté, avec radiation du tableau des médecins de la Faculté, au bout de l'année, s'il ne se corrigeait pas.

Ainsi repoussé, Mesmer s'adressa au gouvernement, et, après les premières négociations, il annonça l'intention de quitter la France. L'émotion fut grande parmi les malades, qui se remuèrent, et, la reine ayant fait attention à lui, il fut mandé chez un ministre, M. de Breteuil, où une première convention fut signée. Si Mesmer faisait ses preuves, le gouvernement devait 1° reconnaître qu'il avait fait une découverte utile ; 2° lui donner en toute propriété un château et terre où il traiterait ses malades ; 3° une pension viagère de vingt mille livres. Des commissaires nommés par le gouvernement, deux seulement pouvaient être pris dans la Société de médecine. Quelques jours après, le même ministre déclarait à Mesmer qu'on était suffisamment édifié sur son traitement : on le dispensait de l'examen des cinq commissaires, et on demandait seulement qu'il admît au nombre de ses auditeurs trois savants nommés par le gouvernement, qui rendraient compte de ce qu'ils auraient entendu. Leur rapport défavorable n'entraînerait la révocation d'aucun des avantages accordés, favorable il lui procurerait de superbes avantages nouveaux. Le fait est étrange, mais Mesmer refusa tout et partit pour Spa.

IV.

Deslon demande une enquête à la Faculté. — Souscription pour rappeler Mesmer. — Il revient et fait un cours. — Société de l'Harmonie. — Discussions d'intérêt avec ses élèves. — Irritation de la Faculté contre les membres mesméristes : formulaire, radiations. — Mesmériennes et deslonniennes. — Controverses dans les livres.

Cependant Deslon, encore sous le coup de la radiation, paya d'audace, se présenta devant la Faculté, proposant d'opérer sous ses yeux, et consentant à être jugé par elle. Mesmer s'en émut, craignant de voir son secret divulgué ou compromis ; et des disciples qu'il avait, l'avocat Bergasse, le banquier Kornmann, ouvrirent une souscription qui devait être de cent personnes au moins, à cent louis par personne, moyennant quoi le maître les instruirait de sa découverte. Cette souscription monta bientôt à trois cent quarante mille livres. Mesmer rappelé par cette offre, et inquiet du côté de Deslon, revint. Les auditeurs s'engagèrent au secret, et se formèrent en une *Société de l'Harmonie*, qui eut des affiliations dans plusieurs villes, à Strasbourg, à Lyon, à Bordeaux.

Ce fut le temps du succès et de la lutte. Lutte de Mesmer avec ses élèves, qui prétendaient avoir acheté le droit de répandre la découverte du magnétisme animal, et la répandirent en effet dans des cours publics, Mesmer prétendant l'exploiter seul, et la porter dans diverses villes, moyennant des souscriptions de cinquante louis par personne. Lutte de Mesmer et de Deslon, qui se partagèrent les partisans du magnétisme. Lutte de la Faculté contre ceux de ses membres qui seraient tentés de prendre la doctrine nouvelle, avec l'invention d'un formulaire à signer, sous peine d'exclusion. (D'Onglée et Varnier refusèrent et furent exclus.) Lutte des disciples contre l'opinion, dans divers manifestes, et de l'opinion contre eux dans des vaudevilles, des pièces de vers et des livres sérieux ou satiriques. Le rapport des commissaires royaux et celui de la Faculté couvrirent ou excitèrent tout ce bruit.

Notre temps ne sait plus qu'il s'éleva alors un vrai schisme. Il y eut des mesmériennes et des desloniennes, implacables ennemies. Dès que les maîtres furent brouillés, les disciples se brouillèrent. Mesmer avait pour lui son autorité de chef d'école, son âge et ses nombreux prodiges en diverses contrées; Deslon avait pour lui les grâces de la jeunesse et de l'esprit. La réputation de Mesmer était faite, grande séduction! celle de Deslon était à faire, grande tentation! Enfin pour des âmes passionnées ce n'est pas assez d'une religion, il faut une secte; il ne suffit pas d'aimer quelque chose, il faut haïr quelqu'un. Mesmériennes et desloniennes se haïrent donc de tout leur cœur; il ne plut pas de sang, mais des malices qui firent tort un peu à tout le monde. Mesmer et Deslon, voulant arrêter cette guerre fâcheuse, se réconcilièrent. Il y eut une trêve entre les partis, mais les hostilités reprirent bientôt, amenèrent des scènes très-vives, et finirent en scandale, ce qui força Mesmer et Deslon à se séparer de nouveau. Notez que les partis étaient nombreux et considérables : grâce à la vogue et à la faveur de la reine, le magnétisme ne tenait pas moins que la moitié de la cour.

Il parut pour et contre le magnétisme nombre de brochures et de livres, dont on peut voir le détail dans Deleuze (*Histoire critique du Magnétisme animal*). Le père Hervier, docteur en Sorbonne, se distinguait même parmi les enthousiastes : il chantait le retour de l'âge d'or, le triomphe du mesmérisme sur la maladie et la mort. Entre les adversaires était Berthollet, qui, après avoir suivi le cours de Mesmer pendant un mois, se retira en déclarant qu'il n'avait rien vu ni entendu de nouveau ou de solide, rien de plus que ce que produit chez tous les animaux le penchant à l'imitation ; et Thouret, le futur directeur de l'École de médecine lors de sa réorganisation, Thouret, pour ôter au magnétisme son prestige, voulut lui ôter sa nouveauté. D'abord, sur cet esprit vital universel, il n'y a qu'à

choisir les textes dans les savants qui précèdent.
Mais, sur la ressemblance de cet esprit avec l'aimant, il y a des rapprochements curieux. Paracelse
regardait l'homme comme un aimant avec deux
pôles, le pôle arctique étant à la bouche. Il ajou-
tait même : « Si, au-dessus d'une barque dans
l'eau, on suspendait exactement, par quelque art,
un homme en équilibre, sa face se tournerait toujours naturellement vers le nord. » Quant à la marche de l'agent magnétique et à ses vertus, Pierre
Borel a écrit avant Mesmer : « Les émanations s'é-
tendent à des distances très-grandes en tous sens,
par la réflexion des rayons de la lumière et l'action
du vent. » Et Libanius pense qu'on peut le réfléchir
comme la lumière par un miroir, et le diriger ainsi
sur un individu. On rapporte, ajoute-t-il, que c'est
ainsi que le basilic se tue lui-même, et que les
femmes, imprégnées de poison, en se regardant trop
souvent dans une glace, le réfléchissent sur leurs
yeux et leur visage. Un des auditeurs de Deslon,
Doppet, disait ingénieusement, justement, de l'aveu
de Deleuze : « Ceux qui savent le secret en doutent
plus que ceux qui l'ignorent. » Il fallait de plus
rudes coups pour accabler le magnétisme : ils ne lui
furent pas épargnés.

V.

Le gouvernement nomme des commissions pour examiner le magnétisme (1784) : commission de la Société royale, commission de la Faculté et de l'Académie des sciences. — Rapport public de la dernière commission (Bailly). — Rapport secret. —Rapport de la Société royale. —Rapport particulier de Laurent de Jussieu. — Mesmer retourne en Allemagne.

Deslon ayant demandé une enquête à la Faculté de médecine, le gouvernement se résolut à terminer cette affaire. Il demanda à la Faculté et à la Société royale de médecine de lui faire un rapport sur le magnétisme. Parmi les membres qu'il nomma dans la Société royale de médecine était Laurent de Jussieu. Il choisit également plusieurs médecins dans la Faculté, et sur leur demande, leur adjoignit cinq membres de l'Académie des sciences, entre autres trois hommes illustres : Franklin, Lavoisier, Bailly. Ce dernier fut rapporteur. Le rapport collectif de la Faculté et de l'Académie des sciences fut contraire et terrible par l'autorité de ceux qui l'avaient signé.

Il s'agissait d'abord de savoir ce qu'on avait à constater, et par quel moyen on pourrait le constater. Deslon annonçait le fluide décrit par Mesmer. Ce fluide échappant à tous les sens, malgré quelques illusions contraires, on ne peut le reconnaître que par son action sur les corps animés. On peut ob-

server cette action longtemps continuée et sa vertu
curative, ou ses effets momentanés et les changements subits qu'elle produit dans les corps. Deslon aurait bien voulu qu'on suivît la première méthode, qu'on donnât au fluide du temps pour agir
et guérir; mais les commissaires n'y consentirent
pas : cette voie leur parut douteuse. Comment, en
effet, constater certainement qu'une guérison sur-
venue après le traitement magnétique, est opérée
par ce traitement; que ce n'est pas la nature qui
en a fait les frais, lorsque les médecins la voient si
souvent agir par elle-même, sans leurs remèdes,
et que même, après avoir appliqué des remèdes
éprouvés, ils n'osent jamais leur attribuer à coup
sûr la guérison obtenue? D'ailleurs Mesmer avait
rejeté ce moyen quand il lui fut proposé par un
des membres de l'Académie des sciences : « C'est,
dit-il, une erreur de croire que cette espèce de
preuve soit sans réplique; rien ne prouve démon-
strativement que le médecin ou la médecine guérissent les malades. » Il fallait donc s'en tenir aux
effets momentanés.

Les commissaires se soumettent au traitement
huit jours de suite, et n'éprouvent rien.—Observant
les expériences tentées sur d'autres, ils notent l'extrême différence du traitement privé et du traitement public : d'un côté le calme, de l'autre l'agita-
tion désordonnée. — Sur quatorze malades, cinq

paraissent éprouver des effets, neuf n'en éprouvent aucun. Et avant d'attribuer les effets ressentis au magnétisme, il faudra bien se représenter la position d'une personne ignorante, attaquée d'une maladie et désirant de guérir, amenée avec appareil devant une grande assemblée, composée en partie de médecins, où on lui administre un traitement tout à fait nouveau pour elle, et dont elle se persuade à l'avance qu'elle va éprouver des prodiges. Qu'on ajoute que sa complaisance est payée, et qu'elle croit nous satisfaire davantage en disant qu'elle éprouve des effets.

Les commissaires se transportent chez un autre docteur, M. Jumelin, qui professe le magnétisme sans distinction de pôles, et suit par conséquent d'autres procédés. Dix personnes sont magnétisées sans rien sentir. Une femme paraît être un sujet plus sensible : on lui bande les yeux, on la magnétise, et elle est toute déroutée. On lui découvre les yeux et on porte les mains sur les hypocondres; elle se trouve mal. Les yeux de nouveau bandés, on lui persuade qu'elle est magnétisée; elle éprouve les mêmes effets. On la magnétise sans l'avertir, elle n'éprouve rien. Plusieurs, comme elle, éprouvent quelque chose quand on n'agit pas, et n'éprouvent rien quand on agit. Même une femme, qui, les yeux bandés, n'éprouve rien, magnétisée à la vue libre, en trois quarts de minute, devient muette. La variété des procédés est donc indifférente, et l'imagination fait beaucoup, surtout si l'on remarque qu'en faisant les questions, le magnétiseur précise les effets qui doivent être éprouvés, et dicte la réponse.

Bien plus, le docteur Sigault, incrédule au magnétisme, laissant croire à plusieurs personnes qu'il a le secret de Mesmer, fait des merveilles comme son maître prétendu. Rien qu'en le voyant avancer sa main, une dame est prête à tomber en convulsions.

Retournons chez Deslon. Lorsqu'un arbre a été magnétisé, il doit arriver, selon la doctrine, que toute personne qui s'y arrête éprouve des effets. On fait l'expérience à Passy, en présence de Franklin. Deslon magnétise un arbre dans un verger. On amène un jeune garçon de douze ans, les yeux bandés, sujet reconnu pour être très-sensible. Au premier, au second, au troisième arbre, à une distance de trente et quelques pieds de l'arbre magnétisé, il éprouve un étourdissement qui va croissant; au quatrième, à vingt-huit pieds environ de l'arbre magnétisé, il tombe en crise, perd connaissance, ses membres se roidissent, et Deslon s'occupe de le faire revenir. Le docteur déconcerté prétend alors que tous les arbres sont magnétisés par eux-mêmes; d'où les commissaires concluent qu'une promenade dans un verger serait pour beaucoup de gens un exercice très-redoutable. — Même effet que chez M. Jumelin : des femmes à qui on persuade que Deslon les magnétise, après leur avoir bandé les yeux, ou les avoir séparées du magnétiseur par une porte, et qui ressentent des effets terribles, ou qui demeurent parfaitement calmes tandis qu'on les magnétise à leur insu. Une autre fait mieux : mandée chez Lavoisier, où elle devait trouver Deslon, elle tombe en crise dès l'antichambre. On lui présente plusieurs tasses non magnétisées ; à la quatrième, elle tombe en crise de nouveau : en revanche, elle boit paisiblement dans une tasse magnétisée par Deslon même, ou ne s'aperçoit pas qu'on la tient derrière sa tête. — Une autre, nouvellement arrivée chez Deslon, ayant rencontré, en sortant de sa crise, les regards d'un de ses disciples, qui la magnétisait, fixa les yeux sur lui pendant trois quarts d'heure. Elle fut longtemps poursuivie par ce regard, et pendant trois jours, dans la veille ou dans le sommeil, elle le vit devant elle obstinément.

De toutes ces observations, les commissaires concluent d'abord à faire une large part à l'*imagination*. « L'histoire de la médecine, disent-ils, renferme une infinité d'exemples du pouvoir de l'imagination et des facultés de l'âme. La crainte du feu, un désir violent, une espérance ferme et soutenue, un accès de colère, rendent l'usage des jambes à un paralytique; une joie vive et inopinée dissipe une fièvre quarte de deux mois; une forte attention arrête le hoquet; des muets par accident recouvrent la parole à la suite d'une vive émotion de l'âme. Quand-elle est une fois montée, ses effets sont prodigieux, et il suffit ensuite de la monter au même ton, pour que les mêmes effets se répètent.

Une deuxième cause des phénomènes prétendus magnétiques est, selon les commissaires, l'*attouchement*. En pressant le creux de l'estomac, on agit sur un intestin irritable, le colon, qui irrite à son tour le diaphragme, d'où les soupirs, le rire, les pleurs, les hoquets, etc. En pressant la région inférieure, on rencontre cet autre centre nerveux qui correspond à tout le reste du corps, et une fois en mouvement, y excite des mouvements par sympathie. C'est une vieille expérience que les affections de l'âme répondent là : ce qui fait dire communément qu'on a un poids sur l'estomac et qu'on se sent suffoqué. Le magnétiseur, en touchant ces parties si sensibles du corps, met donc en jeu par des moyens connus une puissance très-connue.

Ajoutez à ces deux causes une dernière, l'*imitation*, et vous aurez, selon les commissaires, le secret du magnétisme. Partout l'exemple agit sur le moral, l'imitation machinale met en jeu le physique. Dans les théâtres, quand le public est nombreux, les impressions se communiquent et se renforcent. Dans les batailles, le courage et les terreurs paniques se répandent pareillement. Autour du baquet de Mesmer et de Deslon, quand un malade entre en convulsions, les autres suivent.

Imagination, attouchement, imitation, par-dessus tout imagination, voilà à quoi se réduit, dans le rapport de Bailly, le fluide magnétique. Ainsi on observe le premier principe de la science physique, qui est de ne pas admettre de nouvelles causes sans une absolue nécessité. Deslon, tout en maintenant l'action d'un fluide, avouait la force de l'imagination; il disait aux commissaires qu'ainsi dirigée au soulagement de l'humanité souffrante, elle ferait un grand bien dans la pratique de la médecine. Il avait déjà écrit en 1780 : « Si M. Mesmer n'avait d'autre secret que celui de faire agir l'imagination efficacement pour la santé, n'en aurait-il pas toujours un bien merveilleux? car si la médecine d'imagination était la meilleure, pourquoi ne ferions-nous pas la médecine d'imagination? »

En même temps qu'ils publiaient ce rapport, les commissaires en remettaient au ministre un autre secret, où ils exprimaient le danger du mesmérisme relativement aux mœurs.

Le rapport de la Société royale de médecine suivit bientôt. C'étaient les mêmes conclusions. Il fut signé par tous les commissaires, sauf Laurent de Jussieu, qui publia un rapport à part. Au fond, il se rapprochait sur beaucoup de points de ses confrères : « La théorie du magnétisme ne peut être admise tant qu'elle ne sera pas développée et étayée de preuves solides ; » comme eux, il niait l'existence d'un fluide particulier, et comme eux, expliquait nombre d'effets par les trois causes que nous avons dites ; mais il avait observé quelques faits qu'il ne pouvait expliquer par là, et cherchait une cause à laquelle ils fussent raisonnablement attribués. « Un seul fait positif, disait-il, qui démontrerait évidemment l'existence d'un agent intérieur, détruirait tous les faits négatifs qui constatent seulement sa non-action. » Fidèle aux scrupules de la science, il allait chercher dans la physique connue cet agent. « L'action attribuée à un fluide universel non démontré, appartient certainement à la *chaleur animale* existant dans les corps, qui émane d'eux continuellement, se porte assez loin, et peut passer d'un corps dans un autre. La chaleur animale est développée, augmentée ou diminuée par des causes morales et par des causes physiques. Jugée par ses effets, elle participe de la propriété des remèdes toniques.... » Il l'appelle ailleurs le *fluide électrique animalisé*. « Poussé par une force impérieuse, ce fluide se jette avec impétuosité sur les corps privés d'électricité, et s'échappe avec le même effort de ceux dans lesquels il est accumulé. »

Deslon protesta contre le rapport de Bailly, et annonça qu'il était sans crainte sur le sort du magnétisme, puisque Mesmer avait fait trois cents élèves et lui cent soixante, parmi lesquels vingt et un membres de la Faculté de Paris.

VI.

Défaite du mesmérisme à Paris. — Vaudevilles. — Mort intempestive d'un défenseur. — Amis maladroits. — Épigrammes.

Ce qui fit plus de tort à Mesmer que les jugements des corps savants, ce fut une farce, jouée à la Comédie Italienne, intitulée les *Docteurs modernes*. Les éclats de rire, rapporte un témoin, partaient à chaque couplet des loges et du parterre, et les acteurs riaient comme les spectateurs. Ce qui prouve seulement qu'on avait bonne envie de rire, et, une fois de plus, qu'il n'y a ni mauvais vers ni mauvaise prose pour l'esprit de parti. On reconnut Mesmer à cette profession du docteur Cassandre :

> Flatter et les sens et l'esprit et le cœur
> Tel est, mon ami, le remède enchanteur
> Que je prétends mettre à la mode.

Il y eut des malheurs. Court de Gébelin, travaillé

d'une cruelle maladie, eut recours au magnétisme,
et se sentit d'abord soulagé. Dans sa reconnaissance,
il attesta par un écrit public qu'il était guéri par
Mesmer, et le témoignage de ce personnage distingué faisait déjà le meilleur effet en faveur du
magnétisme quand il mourut. Les partisans de
Mesmer assurent qu'il prolongea d'un an la vie du
malade; toujours est-il qu'une de ces choses arriva
mal à propos, le certificat ou la mort de l'auteur;
et un journal annonça cet événement de la manière suivante : « M. Court de Gébelin, auteur du
Monde primitif, vient de mourir, guéri par le magnétisme animal. » On juge si cette plaisanterie
tomba.

Puis c'est un enthousiaste maladroit, Duval d'Es-
préménil, conseiller au parlement, qui, voulant
combattre le ridicule qu'on jette au magnétisme,
y ajoute le sien. Il compose un pamphlet où il
compare Mesmer à Socrate persécuté par le gouvernement d'Athènes, et livré par Aristophane aux
risées du peuple railleur, et fait parvenir au roi un
mémoire contre le lieutenant général de police et
le censeur qui ont permis la représentation des
Docteurs modernes. Le roi s'en fait lire les deux
premières pages dans la société de la reine, commence par rire, et finit par dire que l'auteur est
un fou et que tout cela l'ennuie. Alors d'Esprémé-
nil en appelle au peuple, et pendant la représen-

tation de la fâcheuse pièce, il fait jeter au parterre un supplément à son premier pamphlet. Il y dénonce, dit Grimm, la pièce comme un mauvais ouvrage dramatique, les auteurs comme des lâches qui ridiculisent, à l'abri de l'autorité, un homme de génie bien supérieur à Newton; il y dénonce et tance vivement tous ceux qui rient aux *Docteurs modernes,* comme des audacieux qui se donnent les airs d'avoir de la gaieté avant d'y être autorisés par un arrêt du parlement, par-devant qui Mesmer s'est pourvu contre les différents rapports faits et publiés par ordre du gouvernement.

Enfin, pour comble d'infortune, un imbécile de laquais ayant reçu d'une dame un louis pour siffler les *Docteurs modernes,* et voulant honnêtement gagner son argent, prend pour la seconde pièce, qui devait être celle-là, le second acte de la première, siffle à outrance, se fait arrêter et confesse tout.

Aucun événement qui attirait l'attention du public pendant quelques minutes ne se passait alors sans fournir aux petits vers. Palissot avait composé une belle épigramme sur le ton héroïque pour être mise au bas du portrait de Mesmer :

Le voilà ce mortel dont le siècle s'honore,
Par qui sont replongés au séjour infernal
Tous les fléaux vengeurs que déchaîna Pandore ;
Dans son art bienfaisant il n'a point de rival,
Et la Grèce l'eût pris pour le dieu d'Épidaure.

La France, qui a peu de goût pour les apothéoses, s'amusa des vers suivants, bons ou mauvais :

Le magnétisme est aux abois :
La Faculté, l'Académie
L'ont condamné tout d'une voix,
Et l'ont couvert d'ignominie.
Après ce jugement bien sage et bien légal,
Si quelque esprit original
Persiste encor dans son délire,
Il sera permis de lui dire :
Crois au magnétisme.... animal.

Watelet, à qui Mesmer avait prédit qu'il ne passerait pas l'automne, se vengea gaiement sur lui et sur la Faculté :

Docteur, tu me dis mort, j'ignore ton dessein ;
Mais je dois admirer ta profonde science :
Tu ne prédirais pas avec plus d'assurance,
Quand tu serais mon médecin.

Ainsi se termine la première période de l'histoire du magnétisme en France : tout finit par des chansons.

VII.

Le magnétisme en province. — Découverte du somnambulisme par le marquis de Puységur. — Magnétisme spiritualiste : le chevalier Barbarin, l'abbé Faria. — Les cataleptiques de Pélétin. — Transformation du mesmérisme. — Progrès des Sociétés de l'Harmonie : Lyon, Bordeaux, Bayonne, Strasbourg, etc.

Chassé de Paris, le magnétisme se réfugia en province, mais il s'y transforma par une aventure étrange. MM. de Puységur avaient été des auditeurs de Mesmer, et convaincus. Retirés dans leur terre de Busancy, près Soissons, ils magnétisaient en imitant les effets du maître, quand un jour se produisit un phénomène entièrement inattendu. Laissons parler le marquis de Puységur : « C'était un paysan, homme de vingt-trois ans, alité depuis quatre jours, par l'effet d'une fluxion de poitrine. J'allai le voir. La fièvre venait de s'affaiblir. Après l'avoir fait lever, je le magnétisai. Quelle fut ma surprise de voir, au bout d'un demi-quart d'heure, cet homme *s'endormir* paisiblement dans mes bras, sans convulsions ni douleurs ! Il parlait, s'occupait tout haut de ses affaires. Lorsque je jugeais ses idées devoir l'affecter d'une manière désagréable, je les arrêtais et cherchais à lui en inspirer de plus gaies. Il ne me fallait pas pour cela de grands efforts ; alors, je le voyais content, imaginant tirer à un prix, danser à une fête, etc. Je *nourrissais en lui* ces idées, et par là je le forçais à se donner beaucoup de mouvements sur sa chaise, comme pour danser sur un air qu'en chantant (*mentalement*) je lui faisais répéter tout haut. J'ai pris le parti de magnétiser un arbre, j'y ai fait venir mon premier malade; sitôt qu'il a eu mis la corde autour de lui, il a regardé l'arbre, et a dit, pour toute parole, avec un air d'étonnement qu'on ne peut rendre : *Qu'est-ce que je vois là?* Ensuite sa tête s'est baissée, et il est entré en somnambulisme parfait. Au bout d'une demi-heure, je l'ai ramené à sa maison où je lui ai rendu l'usage de ses sens. » Dans une autre lettre, il revient à son premier paysan : « Quand il est dans l'état magnétique, ce n'est plus un paysan niais, sachant à peine répondre une phrase; c'est un être que je ne sais pas nommer. Je n'ai pas besoin de lui parler; je pense devant lui et il m'entend, me répond. Vient-il quelqu'un dans ma chambre, il le voit *si je veux*; il lui parle, lui dit les choses que *je veux* qu'il lui dise, non pas toujours telles que je les lui dicte, mais telles que la vérité l'exige. Quand il veut dire plus que je ne crois prudent qu'on en entende, alors j'arrête ses idées, ses phrases, au milieu d'un mot, et je change son idée totalement.... Les malades affluent autour de mon arbre; il y en avait ce matin plus de *cent trente.*

C'est une procession perpétuelle dans le pays; j'y passe deux heures tous les matins. Mon arbre est le meilleur baquet possible; il n'y a pas une feuille qui ne communique la santé.... Mon homme, ou pour mieux dire *mon intelligence*, m'apprend la conduite que je dois tenir. Suivant lui, il n'est pas nécessaire que je touche tout le monde : un regard, un geste, une volonté, c'en est assez; et c'est un paysan, le plus borné du pays qui m'apprend cela. Quand il est en crise, je ne connais rien de plus profond, de plus prudent et de plus *clairvoyant* que lui. » Cela se passait en mars et mai 1785. Le marquis de Puységur a laissé la réputation incontestée d'un homme éclairé et d'un homme de bien.

Un curieux, Clocquet, receveur des gabelles à Soissons, attiré par ce spectacle, nous l'a retracé. Après avoir décrit comme il le mérite l'orme célèbre de Busancy, arbre antique, immense, mais très-vigoureux encore et verdoyant, au pied duquel coule une fontaine de l'eau la plus limpide, il décrit la foule des malades assis sur des bancs circulaires en pierre, enlaçant avec la corde qui part de l'arbre les parties souffrantes de leur corps, et formant la chaîne en se tenant par le pouce. Parmi eux le maître en choisit quelques-uns, et, les touchant de ses mains, en leur présentant sa baguette de fer, il les fait tomber en crise parfaite, qui dégénère en sommeil. Les malades dans cet état, qu'on nomme médecins, « ont un pouvoir surnaturel, par lequel, en touchant un malade qui leur est présenté, en portant la main même par-dessus leurs vêtements, ils sentent quel est le viscère affecté, la partie souffrante; ils le déclarent et indiquent à peu près les remèdes. Comment le maître désenchante-t-il ces médecins? Il lui suffit de les toucher sur les yeux, ou bien il leur dit : Allez embrasser l'arbre. Alors ils se lèvent, toujours endormis, vont droit à l'arbre; et bientôt après leurs yeux s'ouvrent. J'ai interrogé plusieurs de ces médecins, qui m'ont assuré n'avoir aucun souvenir de ce qui s'était passé pendant les trois ou quatre heures de leur crise. Tous les malades n'ont pas la faculté de tomber dans cet état. »

A Lyon, mêmes merveilles par d'autres procédés. Le chevalier Barbarin se mettait en prières près du lit du malade, et assez souvent le somnambulisme se déclarait avec les mêmes propriétés que nous avons rapportées. « On a, dit un témoin, présenté aux somnambules des sujets malades qui leur étaient inconnus; elles ont indiqué avec la plus grande exactitude les maux dont ils étaient affectés. Je les ai vues ressentir vivement les maux de ceux qu'elles magnétisaient, et les manifester en portant la main sur elles-mêmes aux mêmes parties. »

Trente ans plus tard, l'abbé Faria avait encore une autre méthode. Il faisait asseoir dans un fauteuil la personne à magnétiser, et l'engageait à fermer les yeux en se recueillant. Puis, tout à coup il lui disait d'une voix impérative et forte : *Dormez!* répétant, s'il le fallait, cet ordre jusqu'à quatre fois. Il se vantait d'avoir ainsi fait tomber en somnambulisme plus de cinq mille personnes.

Par une singulière coïncidence, il arrivait de la médecine antimagnétique de singuliers récits. Un médecin distingué de Lyon, le docteur Pététin, très-ennemi de la nouvelle doctrine, assurait avoir observé une cataleptique qui voyait, entendait, et sentait par le creux de l'estomac et même par le bout des doigts et des orteils. Il le déclara en 1787, et consignait encore sept observations du même genre dans un mémoire publié après sa mort, où il attribuait ces faits à l'électricité animale accumulée en certaines parties du corps. Dans sa première relation, il expliqua les faits comme il voulut; les magnétiseurs les expliquèrent par le magnétisme.

Ainsi le magnétisme se transformait. A la place du baquet de Mesmer, de simples attouchements ou des volontés; à la place des crises violentes, un sommeil réparateur; à la place des traitements publics et des excitations de la foule, en général, des traitements particuliers, sous l'impression des

merveilles racontées. Puis, dans les sujets magnétisés, des vertus nouvelles : l'obéissance absolue,
pendant tout le sommeil, au magnétiseur, qui dirige à son gré leurs pensées et leurs sentiments;
la faculté de deviner, sans aucune communication
extérieure, les pensées du magnétiseur; la connaissance des maux des personnes qui leur sont présentées, et même le sentiment de ces maux dans
leur propre corps; quelquefois l'indication des remèdes utiles. Enfin, outre les prévisions des crises
à venir, une vertu qu'on désirerait bien avoir,
mais qui n'est pas encore suffisamment constatée,
le don de voir et d'entendre sans yeux et sans
oreilles. Le somnambulisme né se développe pas
chez tous les magnétisés; mais, à cette époque, on
en vint à ce qu'un cinquième des malades magnétisés tombaient en somnambulisme plus ou moins
parfait.

Tardy de Montravel célébrait (1785) les merveilles du magnétisme en ces termes : « L'âme
plane, comme l'aigle, au haut des nues, pendant
le sommeil des sens extérieurs. Dominant alors sur
les opérations de la matière, elle embrasse d'un
vaste coup d'œil toutes les possibilités physiques,
qu'elle n'eût parcourues dans l'état de veille que
successivement; mais sa vue est toujours bornée
dans la sphère des sens, dont elle n'a pu se déga-
ger entièrement. Si quelques motifs viennent déter-

miner plus particulièrement son attention vers une des portions de l'ensemble, elle voit alors cette portion dans le plus grand détail, tandis que le reste devient vague et confus. »

Porté par la première impulsion et par le bruit des prodiges nouveaux, le magnétisme se répandit dans les provinces. Les traitements magnétiques de Lyon, de Bordeaux, de Strasbourg, de Bayonne, où le comte Maxime de Puységur opéra jusqu'à soixante cures certifiées, devinrent surtout célèbres. Dans Strasbourg, la société de l'Harmonie était composée de plus de cent cinquante membres et profitait tous les jours. Elle a publié des annales. Il y avait plus de quarante de ces sociétés en différentes villes, qui comptaient en France et à l'étranger plus de quatre mille associés. Thouret fait remarquer, comme un argument contre le magnétisme, que dans les pays d'universités, où le contrôle était plus facile, il ne réussit pas, à Montpellier, par exemple, et à Rennes, tandis qu'il prenait à Marseille et dans les petites villes de Bretagne. A Loudun, l'ancienne ville des possédées, il tomba complétement. Malgré des échecs, le magnétisme se développa hardiment en province. On entendit bien parler à Paris de ces merveilles; mais à Paris on ne s'occupe pas de la même chose deux fois de suite. Puis la révolution approchait, avec ses préoccupations d'un autre genre : Beaumarchais et Mirabeau firent oublier Mesmer. Le magnétisme émigra, fut pour cela un peu suspect au retour, et dut reconquérir la place, ce qui est toujours plus difficile que d'y entrer une première fois.

VIII.

Dernière apparition de Mesmer : jugement et explication du somnambulisme. — Derniers écrits.

A partir du rapport de Bailly, Mesmer avait disparu de la scène. Retourné en Allemagne, il y apprit les merveilles du somnambulisme nouveau. Cela l'émut sans doute : il vit à la fois avec plaisir et avec inquiétude cet enfant survenu en son absence, et, en 1799, il publia à Paris le *Mémoire sur ses découvertes.* Il s'y plaint de ce qu'on a confondu le magnétisme avec le somnambulisme, et il s'empare du somnambulisme en en fournissant la théorie. Suivant lui, il y a un sens interne, un centre nerveux formé par la réunion et l'entrelacement des nerfs, dont les extrémités que nous appelons les sens ne sont que les prolongements. Le sens interne est en rapport avec toute la nature par le moyen d'un fluide subtil qui agit sur lui comme la lumière sur nos yeux, mais dans toute sorte de directions. Il peut, dans certaines circonstances, acquérir une irritabilité excessive. Alors il remplit les fonctions de tous les autres sens qui, par cela même, semblent avoir reçu une extension prodigieuse. La plupart des maladies nerveuses, la folie, l'épilepsie, la catalepsie ne sont qu'un somnambulisme imparfait ou dégénéré. Dans ce *Mémoire* le maître se plaint déjà des exagérations, des abus et des absurdités auxquels sa découverte a donné lieu. Il publia encore pour les Allemands son *Mesmerismus* (Berlin, 1815), et mourut cette même année. Deleuze, sur le souvenir des anciens amis de Mesmer, le représente comme un homme avide de gloire, mais en même temps plein de charité pour l'humanité souffrante. L'opinion publique est beaucoup moins assurée sur ce personnage, et ne sait au juste quelle part il faut faire chez lui à l'enthousiasme et à l'habileté.

IX.

Résurrection du magnétisme : histoire critique de Deleuze (1813). — Procédés pour magnétiser. — Caractères du somnambulisme. — Cours public du docteur Bertrand. — Expériences dans les hôpitaux de Paris (M. Dupotet). — Enquête demandée à l'Académie de médecine par le docteur Foissac.

En 1813 parut l'*Histoire critique du magnétisme*, de Deleuze. C'était une bonne fortune pour une doctrine assez mal famée de rencontrer un défen-

seur honorable, savant, judicieux, modéré dans
ses opinions et dans l'expression de ces opinions,
un de ces patrons qui donnent aux timides le courage de confesser leur croyance. Il donnait des
conseils pour l'observation des procédés physiques,
mais en même temps il énonçait comme indispensables de certaines conditions morales qui revien-
nent à la foi, à l'espérance et à la charité, trans-
portées dans le magnétisme :

Volonté active vers le bien ;
Croyance ferme en sa puissance ;
Confiance entière en l'employant.

Tous les préceptes se réduisent à celui-ci : *Toucher attentivement les malades avec la volonté de
leur faire du bien, et que cette volonté ne soit
distraite par aucune autre idée.* Les discussions
sur les moyens de se convaincre peuvent également se réduire à cette maxime : *Veuillez et vous
croirez.*

Deleuze explique l'action du magnétisme par une
analogie : Quand je veux soulever un corps, j'envoie à mon bras une quantité de force proportionnée au poids présumé de ce corps, de même
« lorsque je magnétise, j'envoie par ma volonté le
fluide à l'extrémité de mes mains, je lui imprime
par cette même volonté une direction, et ce fluide
communique son mouvement à celui du malade.

Rien ne m'empêche de le lancer, mais il peut se trouver dans l'individu sur lequel j'agis un obstacle aux effets que je veux produire : alors j'éprouve plus ou moins de résistance ; cette résistance peut même être invincible. Le fluide magnétique s'échappe continuellement de nous, il forme autour de notre corps une atmosphère qui, n'ayant point de courant déterminé, n'agit pas sensiblement sur les individus qui nous environnent ; mais lorsque notre volonté le pousse et le dirige, il se meut avec toute la force que nous lui imprimons : il est mû comme les rayons lumineux envoyés par les corps embrasés. Le principe qui le met en action est donc notre âme, comme celui qui envoie la force à notre bras, et il est de la même nature. »

Il a publié une *Instruction pratique*, une sorte de manuel du magnétiseur. Nous en extrayons les procédés principaux.

« .... Une fois que vous serez ainsi d'accord et bien convenus de traiter gravement la chose, éloignez du malade toutes les personnes qui pourraient vous gêner ; ne gardez auprès de vous que les témoins nécessaires (un seul, s'il se peut) ; demandez-leur de ne s'occuper nullement des procédés que vous employez et des effets qui en sont la suite, mais de s'unir d'intention avec vous pour faire du bien au malade ; arrangez-vous de manière à n'avoir ni trop chaud ni trop froid, à ce que rien ne gêne la liberté de vos mouvements, et prenez des précautions pour n'être pas interrompu pendant la séance.

« Faites ensuite asseoir votre malade le plus commodément possible, et placez-vous vis-à-vis de lui, sur un siége un peu plus élevé, de manière que ses genoux soient entre les vôtres et que vos pieds soient à côté des siens. Demandez-lui d'abord de s'abandonner, de ne penser à rien, de ne pas se distraire pour examiner les effets qu'il éprouvera, d'écarter toute crainte, de se livrer à l'espérance, et de ne pas s'inquiéter ou se décourager si l'action du magnétisme produit chez lui des douleurs momentanées.

« Après vous être recueilli, prenez ses pouces entre vos deux doigts, de manière que l'intérieur de vos pouces touche l'intérieur des siens, et fixez vos yeux sur lui. Vous resterez de deux à cinq minutes dans cette situation, ou jusqu'à ce que vous sentiez qu'il s'est établi une chaleur égale entre ses pouces et les vôtres. Cela fait, vous retirerez vos mains, en les écartant à droite et à gauche, et les tournant de manière que leur surface intérieure soit en dehors, et vous les élèverez jusqu'à la hauteur de la tête : alors vous les poserez sur les épaules, vous les y laisserez environ une minute, et vous les ramènerez le long des bras jusqu'à l'extrémité des doigts, en touchant légèrement. Vous recommencerez cette passe[1] cinq ou six fois, toujours en détournant vos mains et les éloignant un peu du corps pour remonter : vous placerez ensuite vos mains au-dessus de la tête. Vous les y tiendrez un moment, et vous les descendrez, en passant devant le visage à la distance d'un ou deux pouces, jusqu'au creux de l'estomac : là, vous vous arrêterez encore environ deux minutes, en posant les pouces sur le creux de l'estomac et les autres doigts au-dessous des côtes. Puis vous descendrez lentement le long du corps jusqu'aux genoux, ou mieux, et si vous le pouvez sans vous déranger, jusqu'au bout des pieds. Vous répéterez les mêmes procédés pendant la plus grande partie de la séance. Vous vous rapprocherez aussi quelquefois du malade, de manière à poser vos mains derrière ses épaules pour descendre lentement le long de l'épine du dos, et de là sur les hanches et le long des cuisses jusqu'aux genoux ou jusqu'aux pieds. Après les premières passes, vous pouvez vous dispenser de poser les mains sur la tête, et faire les passes suivantes sur les bras en commençant aux épaules, et sur le corps en commençant à l'estomac.

1. J'emploie ici le mot *passe*, qui est connu de tous les magnétiseurs; il s'entend de tous les mouvements qu'on fait avec la main en passant sur le corps, soit en touchant légèrement, soit à distance.

« Lorsque vous voudrez terminer la séance, vous aurez soin d'attirer vers l'extrémité des mains et vers l'extrémité des pieds, en prolongeant vos passes au delà de ces extrémités et secouant vos doigts à chaque fois. Enfin vous ferez devant le visage, et même devant la poitrine, quelques passes en travers, à la distance de trois ou quatre pouces. Ces passes se font en présentant les deux mains rapprochées, et en les écartant brusquement l'une de l'autre, comme pour enlever la surabondance de fluide dont le malade pourrait être chargé. Vous voyez qu'il est essentiel de magnétiser toujours en descendant de la tête aux extrémités, et jamais en remontant des extrémités à la tête. C'est pour cela qu'on détourne les mains, quand on les ramène des pieds à la tête. Les passes qu'on fait en descendant sont magnétiques, c'est-à-dire qu'elles sont accompagnées de l'intention de magnétiser. Les mouvements qu'on fait en remontant ne le sont pas. Plusieurs magnétiseurs secouent légèrement leurs doigts après chaque passe. Ce procédé, qui n'est jamais nuisible, est avantageux dans certains cas, et, par cette raison, il est bon d'en prendre l'habitude.

« Quoique vers la fin de la séance on ait eu soin d'étendre le fluide sur toute la surface du corps, il est à propos de faire en finissant quelques passes sur les jambes, depuis les genoux jusqu'au bout des pieds. Ces passes dégagent la tête. Pour les faire plus commodément, on se place à genoux vis-à-vis de la personne qu'on magnétise.

« Je crois devoir distinguer les passes qu'on fait sans toucher, de celles qu'on fait en touchant, non-seulement avec le bout des doigts, mais avec toute l'étendue de la main, et en employant une légère pression. Je donne à ces dernières le nom de *frictions magnétiques* : on en a fait souvent usage pour mieux agir sur les bras, sur les jambes et derrière le dos tout le long de la colonne vertébrale.

« Cette manière de magnétiser par des passes longitudinales, en dirigeant le fluide de la tête aux extrémités, sans se fixer sur aucune partie de préférence aux autres se nomme *magnétiser à grands courants*. Elle convient plus ou moins dans tous les cas, et il faut l'employer dans les premières séances, lorsqu'on n'a pas de raison d'en choisir une autre. Le fluide est ainsi distribué dans tous les organes, et il s'accumule de lui-même dans ceux qui en ont besoin. Aux passes faites à une petite distance, on en joint, avant de finir, quelques-unes à la distance de deux ou trois pieds. Elles produisent ordinairement du calme, de la fraîcheur et un bien-être sensible.

« Il est enfin un procédé par lequel il est très-avantageux de terminer la séance. Il consiste à se placer à côté du malade qui se tient debout, et faire à un pied de distance, avec les deux mains, dont l'une est devant le corps et l'autre derrière le dos, sept ou huit passes en commençant au-dessus de la tête, et descendant jusqu'au plancher, le long duquel on écarte les mains. Ce procédé dégage la tête, rétablit l'équilibre et donne des forces.

« Lorsque le magnétiseur agit sur le magnétisé, on dit *qu'ils sont en rapport*; c'est-à-dire qu'on entend par le mot *rapport* une disposition particulière et acquise, qui fait que le magnétiseur exerce une influence sur le magnétisé, qu'il y a entre eux une communication de principe vital.

« Ce rapport s'établit quelquefois très-vite, quelquefois après un temps plus ou moins long. Cela dépend des dispositions morales et physiques des deux individus. Il est rare qu'il ne soit pas établi dans la première séance. Les magnétiseurs exercés sentent ordinairement en eux-mêmes lorsque ce moment est arrivé.

« Une fois que le rapport est bien établi, l'action se renouvelle dans les séances suivantes à l'instant où l'on commence à magnétiser. Alors, si l'on veut agir sur la poitrine, l'estomac ou l'abdomen, il est inutile de toucher, à moins qu'on ne trouve cela plus commode. Ordinairement le magnétisme agit aussi bien et mieux dans l'intérieur du corps, à la distance d'un ou deux pouces que par attouchement. On se contente, en commençant la séance, de prendre un moment les pouces. Quelquefois il est nécessaire de magnétiser à la distance de plusieurs pieds. Le magnétisme à distance est plus calmant, et quelques personnes nerveuses n'en peuvent supporter d'autre.

« Pour faire les passes, il ne faut jamais employer aucune force musculaire autre que celle qui est indispensable pour soutenir la main et l'empêcher de tomber. On doit mettre de l'aisance dans ses mouvements, et ne pas les faire trop rapides. Une passe de la tête aux pieds peut durer environ une demi-minute. Les doigts de la main doivent être un peu écartés les uns des autres, et légèrement courbés, de manière que le bout des doigts soit dirigé vers celui qu'on magnétise.

« C'est par l'extrémité des doigts, et surtout par les pouces que le fluide s'échappe avec le plus d'activité. C'est pour cela qu'on prend d'abord les pouces du malade, et qu'on les tient dans les moments de repos. Ce procédé suffit ordinairement pour établir le rapport. Il est un autre procédé que vous emploierez avec succès pour fortifier ce rapport : il consiste à opposer vos dix doigts à ceux du malade, de manière que l'intérieur de vos mains soit rapproché de l'intérieur des siennes, et que la partie charnue de vos doigts touche la partie charnue des siens, les ongles étant en dehors. Il paraît qu'il sort beaucoup moins de fluide de la surface extérieure des mains que de la surface intérieure, et c'est une des raisons pour lesquelles on détourne les mains en remontant, sans les écarter beaucoup du corps. »

Voici, selon Deleuze encore, les effets caractéristiques du somnambulisme magnétique.

Le somnambule a les yeux fermés et ne voit pas par les yeux, il n'entend point par les oreilles, mais il voit et entend mieux que l'homme éveillé.

Il ne voit et n'entend que ceux avec lesquels il est en rapport. Il ne voit que ce qu'il regarde, et il ne regarde ordinairement que les choses sur lesquelles on dirige son attention.

Il est soumis à la volonté de son magnétiseur, pour tout ce qui ne peut lui nuire, et pour tout ce qui ne contrarie point en lui les idées de justice et de vérité.

Il sent la volonté de son magnétiseur.

Il aperçoit le fluide magnétique.

Il voit, ou plutôt il sent l'intérieur de son corps, et celui des autres; mais il n'y remarque ordinairement que les parties qui ne sont point dans l'état naturel et qui troublent l'harmonie.

Il retrouve dans sa mémoire le souvenir des choses qu'il avait oubliées pendant la veille.

Il a des prévisions et des présensations qui peuvent être erronées dans plusieurs circonstances, et qui sont limitées dans leur étendue.

Il s'énonce avec une facilité surprenante.

Il n'est point exempt de vanité.

Il se perfectionne de lui-même, pendant un certain temps, s'il est conduit avec sagesse; il s'égare s'il est mal dirigé.

Lorsqu'il rentre dans l'état naturel, il perd absolument le souvenir de toutes les sensations et de toutes les idées qu'il a eues dans l'état de somnambulisme, tellement que ces deux états sont aussi étrangers l'un à l'autre, que si le somnambule et l'homme éveillé étaient deux êtres différents.

Nous oublions trois commandements de l'honnête Deleuze; il veut : 1° qu'un somnambule soit toujours assisté d'un médecin; 2° qu'on ne lui fasse jamais savoir qu'on le consulte sur des maladies pendant son sommeil; 3° que dans aucun cas, le magnétiseur ne permette qu'on donne au somnambule, de quelque manière que ce soit, la plus légère marque de reconnaissance.

Un an avant Deleuze, en 1812, Montègre avait publié une brochure contre le magnétisme. En 1819, Virey donna, dans le Dictionnaire des sciences médicales, son remarquable article : *Magnétisme animal*. Cette même année, Bertrand professait en faveur de la doctrine un cours public. En 1820, des expériences furent commencées dans les divers hôpitaux de Paris, dirigées à l'Hôtel-Dieu par M. Dupotet. Le conseil général des hos-

pices les interrompit, sous prétexte que les malades
n'étaient pas des sujets à expérimentation. Les résultats publiés dans des procès-verbaux signés de
vingt-neuf médecins semblaient devoir être décisifs; et pourtant il restait encore quelque inquiétude, on sentait le besoin d'en venir à une épreuve
suprême.

X.

**Première commission nommée par l'Académie de médecine. —
Le rapport de M. Husson conclut à l'examen. — Deuxième
commission d'examen (1826). — Rapport de M. Husson (1831).**

Enfin, en 1825, s'ouvrait une époque critique
pour le somnambulisme. Le docteur Foissac appela
l'Académie de médecine à se prononcer. Il lui présentait des somnambules merveilleux pour l'indication des remèdes. « Mes somnambules ne s'é-
cartent jamais des principes avoués de la saine
médecine; je vais plus loin : leurs inspirations
tiennent du génie d'Hippocrate. »

L'Académie nomma une commission pour savoir
s'il convenait d'entrer dans cet examen. Georget se
déclara pour le magnétisme : « Il a grandi parmi
les médecins…. S'il est vrai que le somnambulisme
magnétique ait son analogue dans le somnambulisme naturel, est-il étonnant qu'on puisse développer le premier par de certaines pratiques?… Le

doute d'abord, l'examen ensuite; telle est la marche qu'indique la raison.» Le rapporteur, M. Husson, conclut affirmativement. Suivant son opinion d'alors, développée plus tard en 1837, quand même le magnétisme n'aurait pas varié depuis 1784, on n'aurait pas le droit de le regarder comme définitivement jugé par le rapport de Bailly et de la Société royale de médecine; on peut toujours en appeler des jugements anciens à de nouveaux jugements. Après que la circulation du sang a été déclarée impossible, l'inoculation de la petite vérole considérée comme un crime, l'émétique interdit par arrêt du parlement, à la sollicitation de la Faculté, les antiques perruques proclamées infiniment plus salubres que la chevelure naturelle, il convient d'affirmer moins témérairement. D'ailleurs les procédés du magnétisme ont changé : un fait nouveau, inconnu à ses anciens juges, le somnambulisme est intervenu. Les commissaires d'autrefois ont été nommés par le gouvernement, non par les corps auxquels ils appartenaient, et ils ont infirmé en partie la valeur de leur rapport en avançant qu'ils ont craint d'importuner les malades distingués qui suivaient le traitement magnétique, et en ne se soumettant pas aux conditions demandées par le magnétiseur. L'examen a été fait chez Deslon, non chez Mesmer, et le rapport adopté séance tenante sans discussion préalable. Enfin il y a eu

alors 'même une protestation d'un homme émi-
nent, M. de Jussieu. A Berlin, une clinique magnétique est établie, et plusieurs médecins ont des
traitements de ce genre avec l'autorisation du gouvernement. A Francfort, à Stockholm, en Russie,
le magnétisme est examiné sérieusement; pourquoi
en France resterait-on en arrière des peuples du
nord?

En conséquence, l'Académie nomma (1826) une
commission composée de MM. Bourdois, Double,
Fouquier, Itard, Guéneau de Mussy, Guersant, Le-
roux, Magendie, Marc, Thillaye et Husson. Cette
commission, au bout de cinq ans (juin 1831), fit
son rapport par l'organe de M. Husson. On peut y
voir qu'elle accepta l'examen dans les conditions
demandées comme indispensables par M. Foissac,
mais qu'elle garda la haute main dans toutes les
expériences.

Elle reconnaît que les effets sont nuls ou insi-
gnifiants dans un certain nombre de cas; que,
dans quelques-uns, ils sont produits par l'ennui, la
monotonie ou l'imagination; mais elle réserve plusieurs faits qu'elle ne peut attribuer à aucune cause
connue. C'est un des commissaires, M. Itard, qui,
magnétisé dix-huit fois, sans tomber en sommeil
complet, est constamment soulagé d'une douleur
de tête, ou bien un épileptique chez qui le magnétisme suspend et retarde de huit mois les accès.

Somnambulisme constaté. Plusieurs sujets sont, endormis parfaitement et d'un sommeil bien particulier : on les chatouille, on les pince très-fortement, on enfonce des épingles jusqu'à trois lignes dans leur corps, on débouche sous leur nez un flacon plein d'ammoniaque ou d'acide hydrochlorique, qu'on y laisse pendant cinq ou six inspirations, on fait subitement des bruits violents; rien ne les réveille, ni ne paraît les affecter. Même il est avéré que M. Jules Cloquet, en 1829, appelé près d'une femme qui avait au sein un cancer ulcéré, pendant qu'elle était endormie, dans une opération de dix à douze minutes, a extirpé cette tumeur, sans que la malade donnât le plus léger signe de sensibilité, même sans aucun changement du pouls. — Au milieu du bruit confus des conversations, le somnambule n'entend que la voix de son magnétiseur, — se souvient exactement de ce qui s'est passé pendant ses précédents accès de sommeil, — et ne se souvient de rien au réveil. — Les somnambules ont-ils le don de lire dans la pensée de leur magnétiseur, et d'obéir à sa volonté inexprimée? Beaucoup d'expériences semblent contraires, et plusieurs sujets présentés par des magnétiseurs comme merveilleux en ce genre ne font que des bévues. Enfin un sujet vraiment remarquable se présente. Placé derrière lui, et sur les indications écrites ou par gestes des commissaires, le magnétiseur le meut avec précision : « Il dirigea son doigt en premier lieu vers la cuisse gauche, puis vers le coude gauche, et enfin vers la tête. Ces trois parties furent presque aussitôt prises de mouvements convulsifs. M. Dupotet dirigea sa jambe gauche vers celle du magnétisé ; celui-ci s'agita de manière qu'il fut sur le point de tomber. M. Dupotet dirigea ensuite son pied vers le coude droit du somnambule, et ce coude droit s'agita ; puis il porta son pied vers le coude et la main gauches, et des mouvements convulsifs très-forts se développèrent dans tout le membre supérieur. » Malgré cette épreuve heureuse, les commissaires avouent qu'ils ont besoin de faits nouveaux.

Clairvoyance. Les somnambules peuvent-ils lire les yeux fermés ? A travers des expériences fâcheuses, on arrive à des faits curieux, attestés avec la plus grande force par le rapport : Un somnambule les yeux fermés, si bien que les cils s'entre-croisent, sous la surveillance continuelle des commissaires, lit ce qui lui est offert et joue avec une vivacité extrême plusieurs parties de piquet. Il ne lit point les lettres fermées. M. Bourdois consigne à part, sur le procès-verbal, cette attestation : « Il est impossible de refuser sinon sa croyance, du moins son étonnement à tout ce qui s'est passé dans cette séance.... » Mais voici mieux : dans une

séance où se trouvaient, outre les commissaires,
M. Em. de Las Cases, député, M. de Rumigny,
premier aide de camp du roi, et M. Ségalas,
membre de l'Académie, un jeune somnambule,
Paul Villagrand, étudiant en droit, tandis que ses
paupières sont tenues fermées constamment et al-
ternativement par MM. Fouquier, Itard, Marc et
Husson, qui appliquent les doigts sur la totalité de la
fente de l'œil, en pressant du haut en bas, montre
une clairvoyance prodigieuse. Il devine des cartes
toutes neuves, il lit des mots et des lignes. « On lui
présente, ayant les paupières tenues fermées par
M. Ségalas, un volume dont le rapporteur s'était
muni. Il lit sur le titre : *Histoire de France.* Il ne
peut lire les deux lignes intermédiaires, et lit sur
la cinquième le nom seul de *Anquetil,* qui y est
précédé de la préposition *par.* On ouvre le livre à
la page 89, et il lit à la première ligne : *Le nombre
de ses....* il passe le mot *troupes,* et continue : *Au
moment où on le croyait le plus occupé des plaisirs
du carnaval....* Il lit également le titre courant
Louis, mais ne peut lire le chiffre romain qui le
suit. On lui présente un papier sur lequel on a
écrit les mots *agglutination* et *magnétisme animal,*
il épelle le premier et prononce les deux autres.
Enfin on lui présente le procès-verbal de cette
séance ; il en lit assez distinctement la date et quelques mots plus lisiblement écrits que d'autres.

Dans une autre séance, Paul essaya inutilement de distinguer différentes cartes qu'on lui appliqua sur l'épigastre; mais il lut encore les yeux fermés, dans un livre ouvert au hasard, et cette fois ce fut M. Jules Cloquet qui lui boucha les paupières. Le rapporteur écrivit aussi sur un morceau de papier deux noms propres : *Maximilien Robespierre*, qu'il lut également bien. » Le rapport constate, pour ce somnambule, comme pour le précédent, que le globe de l'œil était dans un mouvement continu de rotation et paraissait se diriger vers l'objet soumis à sa vision.

Vision intérieure, prévision. Instinct des remèdes. Les somnambules ont-ils l'intuition de leurs maladies et de celles des autres, la prévision des accidents futurs de ces maladies pour eux et pour les autres? Un étudiant en droit, ce même Paul que nous venons de voir lisant les yeux fermés, attaqué d'une paralysie de tout le côté gauche du corps, désigne en sommeil les remèdes qu'il faut lui appliquer, et annonce un jour qu'en suivant ce traitement, trois jours après il marchera sans béquilles; il tient parole. Un nommé Cazot, épileptique, prédit de loin les attaques de ce mal pour un jour, une heure et une minute donnés, et l'accès arrive comme il a été prédit. Une somnambule décrit à un des commissaires, M. Marc, les symptômes de maladie qu'il éprouve et tombe juste. Présentée à une dame malade, elle décrit l'altération de ses intestins, et ordonne un traitement; mais le traitement ne fut pas suivi, et l'autopsie ne fut pas faite. Consultée par une malade scrofuleuse, elle voit ces scrofules intérieurs et prescrit un traitement qui réussit quelque temps et est interrompu. Les commissaires constatent l'exactitude des déclarations de cette somnambule, là où elles ont pu être vérifiées et le discernement qu'elle a montré dans le choix des remèdes.

L'Académie fut un peu étonnée de ce rapport; la discussion, toujours suspendue, éclata en 1837. Une histoire avait paru dans les journaux, où l'on parlait d'une dent arrachée sans douleur à une personne endormie par le magnétisme. On donnait ce fait sous la garantie de M. Oudet, de l'Académie de médecine, qui se trouvait ainsi compromise. Interpellé, M. Oudet lut le récit du magnétiseur. « Au moment de l'extraction, la tête sembla fuir un peu la main de l'opérateur; et nous entendîmes un léger cri. Ces deux signes de douleur eurent la rapidité de l'éclair, le pouls de la patiente était calme, son visage n'indiquait pas la moindre émotion; ses mains étaient demeurées immobiles sur ses genoux. » A ce propos, le fait attribué à M. Jules Cloquet, et rapporté avec complaisance par M. Husson, dans son rapport, l'extraction d'un sein sans douleur, revint en mémoire, et on discuta les deux faits ensemble. M. Roux attesta qu'il avait fait une opération cruelle à une dame masquée, dans une maison qui n'était pas la sienne, et que, pendant cette opération, qui dura un quart d'heure, la malade ne poussa pas un cri, de peur de trahir son incognito. M. Capuron affirma avoir vu, il y avait quarante ans, une Allemande à qui M. Dubois coupa le sein, et qui supporta l'opération sans proférer une seule plainte. En 1822, il avait vu un homme supporter plus d'un quart d'heure une opération des plus rudes, sans sourciller, causant et riant. M. Amussat venait d'opérer une religieuse qui avait été impassible. Pourtant aucune de ces personnes n'était magnétisée. Il n'y avait donc pas besoin de recourir au magnétisme pour expliquer le fait de M. Cloquet et le fait de M. Oudet. On poursuivit. Quelques-unes des anciennes autorités en faveur du magnétisme furent ébranlées. « Vous savez, dit M. Rochoux, ce que M. Rostan a écrit sur le magnétisme. Un jour il me proposa de me guérir de mon incrédulité et de me faire voir des choses extraordinaires; je le suivis; arrivé sur les lieux, on ne voulut rien faire devant moi; j'attends toujours. » M. Bousquet, à son tour : « Georget croyait avoir bien vu; il y paraît assez à la manière dont il parle du magnétisme dans son ouvrage sur le système nerveux. Cependant on sait aujourd'hui qu'il a été trompé par des misérables qui s'en vantent. Je tiens cela de M. Londe, le collaborateur de Georget et le témoin de toutes ses expériences. » Enfin M. Ségalas dit « qu'ayant lui-même tenu les mains sur les yeux du jeune homme dont a parlé M. Husson, et cela pour l'empêcher de voir, il ne répondrait pas qu'il lui a complétement fermé les yeux. Les yeux étaient agités de mouvements convulsifs; ce jeune homme a pu agiter les paupières et saisir quelques caractères, d'autant plus qu'il lisait lentement, en face d'une grande croisée, et qu'il a fait des fautes.»

XI.

Nouvelle enquête demandée par le docteur Berna à l'Académie de médecine. — Rapport de M. Dubois, d'Amiens (1837). — Protestation du docteur Berna. — Réplique au rapport par M. Husson.

Peu après, un jeune docteur, M. Berna, sollicite un nouvel examen de l'Académie. La commission composée de MM. Roux, Bouillaud, H. Cloquet, Emery, Pelletier, Caventou, Cornac, Oudet, Dubois (d'Amiens), nomma ce dernier rapporteur. Le rapport fut lu en août 1837, et traita durement le magnétisme. Sur le fait du sommeil magnétique, on ne peut rien affirmer : on n'a eu comme preuve que les assertions des sujets magnétisés. Les piqûres sembleraient une preuve décisive; mais avant et pendant le sommeil supposé, le sujet des expériences, dans la séance du 3 mars, paraissait ne rien sentir; sa contenance et ses réponses ont été à peu près les mêmes pendant l'opération magnétique. Et en général, comme on ne pouvait expérimenter que sur les parties naturellement découvertes, le cou et les mains, et qu'il n'était permis d'enfoncer des épingles que d'une ou deux lignes, l'insensibilité des sujets n'était pas suffisamment éprouvée. De plus, la face étant en grande partie couverte d'un bandeau, on ne pouvait s'assurer suffisamment des émotions ressenties. Sur la question si le magnétiseur, par sa seule volonté, pouvait rendre en tout ou en partie la sensibilité au somnambule, on ne saurait rien décider. Pour être certain que la sensibilité était rendue, il faudrait être certain qu'elle a été perdue. — Quant à l'obéissance à l'ordre intérieur du magnétiseur, l'expérience a été fâcheuse : les actions exécutées ayant toujours été en opposition avec les commandements. — Sur la transportation de la vue, la propriété de voir par l'occiput, rien de péremptoire : les faits absolument décisifs ont complétement manqué, et les commissaires n'ont vu dans les rencontres heureuses que des inductions assez habiles. — Enfin, pour la clairvoyance à travers les corps opaques, insuccès complet. « Que conclure, à l'égard de la somnambule, de la description minutieuse d'objets *autres* que ceux qu'on lui présentait? Que conclure d'une somnambule qui décrit un valet de trèfle dans une carte toute blanche? qui, dans un jeton d'académie voit une montre d'or, cadran bleu et lettres noires, et qui, si l'on eût insisté, aurait peut-être fini par nous dire l'heure que marquait cette montre? »

Le docteur Berna protesta, et le précédent rapporteur, M. Husson, qui se trouvait indirectement atteint par ces conclusions nouvelles, dans une séance prochaine, frappa rudement sur son collègue. Convenait-il d'accepter la fonction de rapporteur à un médecin qui, en **1833**, avait écrit contre le magnétisme, et s'était déclaré dans cet écrit « en état d'hostilité contre les magnétiseurs? » De quel droit énonçait-il ces conclusions générales contre le magnétisme? La commission avait été nommée pour examiner deux somnambules proposés par M. Berna; son œuvre devait être intitulée : *Rapport des expériences magnétiques faites sur deux somnambules.* Depuis quand est-il permis, en science, de tirer de deux faits particuliers une conclusion universelle? Des expériences tentées sur les deux somnambules ont échoué; la commission de 1826 en avait cité trois de ce genre : « On sait que rien n'est plus mobile, plus variable que les effets magnétiques; et c'est cette mobilité, cette inconstance qui éloigne tant de personnes de s'en occu-

per et de l'étudier. Quels sont, pourrions-nous le
demander, les faits en médecine pratique, en thé-
rapeutique, en physiologie, qui soient toujours
fixes et immuables? » N'est-il pas étrange aussi
qu'on ait passé sous silence les faits positifs constatés dans le précédent rapport? « Ils vous paraissent
extraordinaires, mais devez-vous en conclure qu'ils
n'ont pas eu lieu? La portée de l'intelligence humaine est-elle donc la mesure de la réalité de
tous les faits extraordinaires dont nous sommes
environnés? »

XII.

Prix proposé par le docteur Burdin. — Le docteur Pigeaire et
sa fille. — Succès dans les réunions particulières. — Il ne
s'entend pas avec l'Académie. —Fin des relations du magnétisme avec l'Académie de médecine.

Au milieu de ces débats, M. Burdin proposa un
prix de trois mille francs pour la personne qui
pourrait lire sans le secours des yeux et sans lumière, un écrit quelconque placé hors de la portée
des yeux, et sans le secours du toucher. L'Académie accepta, se réservant de faire surveiller les
expériences par une commission de sept membres
pris dans son sein, et limitant à deux années le
temps des épreuves, à moins que le prix n'eût été
mérité plus tôt.

En 1838, le docteur Pigeaire, de Montpellier, possédait une somnambule qui lisait les yeux fermés, pourvu que l'objet fût éclairé ; c'était sa fille, âgée de dix à onze ans. Il s'adressa à l'Académie, lui envoyant, avec son mémoire, le procès-verbal de deux séances magnétiques, dressé par le docteur Lordat. Il y était constaté que, les yeux bandés par un appareil de soie noire, auparavant visité, essayé avec soin, la fille de M. Pigeaire avait lu l'écriture qui lui était présentée. Tantôt elle avait suivi les mots avec le doigt, tantôt elle les avait lus sous une lame de verre transparent. M. Burdin consentit à modifier son programme : il accorda, contre sa première intention, que les objets seraient éclairés, que la somnambule promènerait ses doigts sur la lame de verre placée sur les lignes à déchiffrer ; mais il réserva la question de savoir par quel appareil on empêcherait la somnambule de voir aucunement, et s'en rapporta pour cela à la sagacité des commissaires.

M. Pigeaire se rendit donc à Paris avec sa fille ; il fit devant un grand nombre de personnages des expériences qui les frappèrent vivement. Parmi eux on remarque MM. Adelon, Guéneau de Mussy, Bousquet, Delens, Ribes, Esquirol, Orfila, J. Cloquet, Pelletier, Réveillé-Parise, Arago, Pariset ; on a même des procès-verbaux en forme et des plus favorables signés par MM. Bousquet, Ribes, Orfila,

Réveillé-Parise, Pariset, sans compter les noms illustres ou connus, mais étrangers à la science,
George Sand, M. Léon Faucher, etc. MM. Rostan et
Georget étaient déjà acquis au magnétisme, et affir-
maient avoir constaté la vision par l'occiput.
MM. Cornac, Gerdy, Bouillaud et Velpeau ne furent pas convaincus et le témoignèrent. M. Cornac
parla de contorsions de la jeune fille au commencement de l'expérience.

M. Velpeau, en les imitant, avait réussi une fois
à écarter le bandeau assez pour lire devant plusieurs personnes. M. Gerdy a laissé une note là-
dessus. L'appareil se composait d'une bande de
calicot, d'une petite pelote de coton, et enfin d'un
bandeau de velours noir et opaque. Le bord infé-
rieur de celui-ci était collé à la peau voisine au
moyen de petites bandelettes de taffetas gommé.
Plusieurs signes lui rendirent l'expérience suspecte.
C'était à toutes les fois des agitations extraordinaires de la jeune fille, des mouvements pour se
frotter les yeux et relever le bandeau, sous prétexte qu'il la fatiguait : pendant ces opérations les
bandelettes de taffetas s'éraillaient; ensuite le refus
de placer le livre à lire en face, à la hauteur des
yeux. En visitant le bandeau il y distingua de tout
petits trous. Ajoutez que peu après leur application, d'eux-mêmes les emplâtres de taffetas se des-
sèchent, se recoquillent par leur circonférence et

se décollent ordinairement dans un assez grand nombre de points. M. Gerdy glissa même par ces décollements des morceaux de carte de trois à quatre millimètres de largeur. Enfin, le taffetas, opaque, avant son application, devient transparent par la dissolution de la colle de poisson déposée à sa surface et entraînée par le mouillage de son tissu. M. Gerdy refit les expériences chez lui : il constata qu'à travers un trou extrêmement petit dans une carte, et surtout quelques-uns à un ou deux millimètres les uns des autres, on voit parfaitement; et appliquant le bandeau sur les yeux d'un ami, selon la recette précédente, il obtint les plus beaux résultats. M. C. nous déclara, dit-il, qu'il voyait très-clair, que la lumière lui venait de différents côtés, d'en haut, d'en bas surtout, et par l'angle interne de l'œil; qu'elle venait par les décollements du taffetas, et aussi à travers son tissu, autour du morceau de peau interposé dans le taffetas; que le moindre effort d'ailleurs produisait des décollements invisibles au dehors, suffisants pour lire. Un œil fermé par un partisan du magnétisme, l'autre recouvert du bandeau en question, il nomma sans erreur les cartes qu'on lui présenta, et depuis s'amusa à se faire passer pour somnambule.

Il fallut se présenter devant l'Académie. La commission avait inventé un masque ou casque de soie noire, qui devait se tenir à un demi-pied de la face de la somnambule. M. Pigeaire le refusa, il tint absolument à son bandeau qui s'appliquait à la face, la laissant découverte au-dessus et au-dessous : « Une somnambule, disait-il, n'est pas un instrument de physique; on ne la maniait pas à son caprice; un masque dans cette position, fût-il fait du verre le plus diaphane, s'opposerait à la production du phénomène en brisant le rapport qui semble s'établir entre la somnambule et l'objet qu'elle considère. » Il proposait à l'Académie, si elle avait quelques soupçons sur l'opacité complète du bandeau usité, qu'elle en fît construire un autre de la même forme, pour ne pas contrarier la petite somnambule, qui avait contracté l'habitude de ce bandeau. L'Académie tint à ses conditions, M. Pigeaire aux siennes; on ne parvint pas à s'entendre. Le docteur Berna releva ironiquement la décision de l'Académie, en proposant, au nom d'une société de croyants, un prix de cinquante mille francs à celui des académiciens qui lirait avec le bandeau de Mlle Pigeaire. Les choses en restèrent là, et ç'a été la dernière entrevue du magnétisme animal avec l'Académie de médecine.

Le docteur Burdin prorogea jusqu'en 1840, le prix qui devait être retiré en 1839, et il changea encore les conditions du concours : « Amenez-nous une personne magnétisée ou non magnétisée, endormie ou éveillée, que cette personne lise, les yeux ouverts et au grand jour, à travers un corps opaque tel qu'un tissu de coton de fil ou de soie, placé à six pouces de la figure, qu'elle lise même à travers une simple feuille de papier, et cette personne aura les trois mille francs. » Jusqu'à ce terme on ne voit plus paraître que deux concurrentes, une somnambule du docteur Hublier et celle de M. Teste, qui échouent tristement. Les choses en sont restées là entre le magnétisme animal et l'Académie de médecine.

DEUXIÈME PARTIE.

QUESTIONS
ET DOUTES SUR LE MAGNÉTISME ANIMAL.

I.

Histoires semblables aux histoires du magnétisme.—Possédées de Loudun [1].

Vers 1632, deux jeunes religieuses des Ursulines de la ville de Loudun, à une dizaine de lieues de Poitiers, ayant été atteintes de violentes convulsions, accompagnées de symptômes bizarres, on pensa qu'elles étaient possédées du démon, et on les exorcisa. L'exorciste les ayant interrogées, en s'adressant, selon l'usage, aux diables présumés dans leur corps, les diables répondirent qu'ils avaient été envoyés là par un curé de la ville, nommé Urbain Grandier. Cet Urbain Grandier, d'un extérieur agréable, d'un esprit cultivé, était le sujet des conversations de Loudun. On lui imputait plusieurs aventures; même il avait à ce propos subi un procès. Condamné par son évêque, et interdit de ses fonctions, il avait appelé à l'archevêque de Bordeaux qui avait cassé la première sentence. Mais

---

1. Voy. Bertrand, *du Magnétisme animal*, pour ce chapitre et les deux suivants.

l'opinion était toujours contre lui. Ces bruits avaient dû pénétrer dans le couvent des Ursulines ; on avait même eu l'occasion d'y donner une attention particulière : Grandier s'était présenté pour être directeur des religieuses, et, pour sa mauvaise réputation, s'était vu refuser ; on lui avait préféré l'ecclésiastique qui exorcisa les deux religieuses malades.

Les exorcismes, d'abord secrets, furent peu à peu divulgués et finirent par devenir publics. Parmi les scènes dont elles étaient témoins chaque jour, d'autres religieuses, treize environ, furent frappées plus ou moins gravement du même mal, six entièrement possédées. C'étaient les jeunes qui étaient attèintes, et les plaisants du temps s'amusaient à dire que les diables faisaient preuve de bon goût. La contagion gagna la ville, et même, de proche en proche, les villes voisines, attaquant toujours uniquement les femmes et même les jeunes filles de préférence. Toutes les religieuses furent exorcisées, et toutes accusèrent Grandier. Richelieu chargea le conseiller d'État Laubardemont, sa créature, de terminer cette affaire. Celui-ci choisit une commission de douze juges, et avec ce conseil, procéda à l'instruction. Elle dura huit mois, pendant lesquels les religieuses ne cessèrent d'être exorcisées deux fois par jour. Urbain Grandier, convaincu à l'unanimité, fut brûlé vif à Loudun, environ deux ans après l'époque où on avait commencé à l'accuser de magie. Au dehors de la commission, l'opinion fut divisée : les protestants, entre autres, tenant que les juges étaient gagnés, les religieux exorcistes ennemis de Grandier ou complaisants de Laubardemont; que les religieuses n'avaient fait que répéter en public une comédie étudiée d'avance, et que la fin de tout cela était la perte jurée de Grandier. Notons, en passant, qu'à Louviers, vers le même temps, quinze religieuses se disaient également possédées par le fait de leur confesseur. Le confesseur était mort, on brûla son cadavre.

Quelles étaient donc ces scènes extraordinaires? Les religieuses exorcisées répondaient en latin, au milieu d'accès dont le récit nous a été heureusement conservé dans les procès-verbaux de l'instruction. «Asmodée, l'un des diables qui possédaient la sœur Agnès, ayant paru, fit bientôt voir sa plus haute rage, secouant diverses fois la fille en avant et en arrière, et la faisant battre comme un marteau, avec une si grande vitesse que les dents lui en craquaient; outre ces agitations, son visage devint tout à fait méconnaissable, son regard furieux, sa langue prodigieusement grosse, longue et pendante hors de la bouche, livide et sèche à tel point que le défaut d'humeurs la fit paraître toute velue, sans être cependant aucunement pressée des dents, et sans que la respiration cessât d'être toujours égale; — Béheret, qui est un autre démon, fit un second visage riant et agréable, qui fut encore diversement changé par deux autres démons, Acaph et Achaos, qui se produisirent l'un après l'autre; commandement ayant été fait à Asmodée de demeurer ferme, et aux autres de se retirer, le premier visage revint. »

Exorcisme de la sœur Agnès.... « Après diverses autres contenances, elle porta un pied par le derrière de la tête jusqu'au front, en sorte que les orteils touchaient quasi le nez. » Exorcisme de la sœur Élisabeth : « Cet esprit malin exerça sur son corps de grandes violences et donna des marques horribles de sa rage. Il la renversa trois fois en arrière en forme d'arc, en sorte qu'elle ne touchait au pavé que de la pointe des pieds et du bout du nez. » Exorcisme d'une autre religieuse : « Le démon parut sur son visage, selon le commandement que lui en fit son exorciste; il l'assouplit et la rendit souple et maniable comme une lame de plomb. L'exorciste lui plia ensuite le corps de diverses façons, en arrière et en avant, et des deux côtés, en sorte qu'elle touchait presque la terre de la tête, le démon la retenant dans la posture où elle avait été mise jusqu'à ce qu'on la changeât, n'ayant, durant ce temps qui fut assez long, aucune respiration par la bouche, mais seulement un petit souffle par le nez. Elle était presque insensible, puisque le père lui prit la peau des bras et la perça d'outre en outre avec une épingle, sans qu'il en sortît du sang ou que la fille en témoignât aucun sentiment. Le démon Sabulon porta cinq ou six fois le pied gauche de la sœur par-dessus l'épaule à la joue, tenant cependant la jambe embrassée du même côté. Durant toutes ces agitations, son visage fut fort différent et hideux, sa langue grosse, livide et pendante jusqu'au menton et nullement pressée des dents; la respiration égale, les yeux immobiles, toujours ouverts sans cligner. Il lui fit après cela une extension de jambes en travers, qui fut telle qu'elle touchait du périnée contre terre. Pendant qu'elle était dans cette position, l'exorciste lui fit tenir le tronc du corps droit et joindre les mains. »

Tous ces faits eurent pour témoin, qui les certifie de sa main, Gaston d'Orléans le frère de Louis XIII. Deux des exorcistes, le père Lactance et le père Tranquille moururent en peu de temps avec l'idée qu'ils étaient possédés, et éprouvèrent les symptômes de la possession. Un autre, le père Surin, d'une réputation d'honnêteté incontestée et qui exorcisa seulement après la mort de Grandier, tomba aussi dans ces accidents, qu'il décrit avec une grande naïveté. « Tant y a que depuis trois mois et demi je ne suis jamais sans avoir un diable auprès de moi en exercice.... Le diable passe du corps de la personne possédée, et, venant dans le mien, m'assaut et me renverse, m'agite et me traverse visiblement, en me possédant plusieurs heures comme un énergumène. Je ne saurais vous expliquer ce qui se passe en moi durant ce temps, et comme cet esprit s'unit avec le mien, sans m'ôter ni la connaissance, ni la liberté de mon âme, en se faisant néanmoins comme un autre moi-même, et comme si j'avais deux âmes, dont l'une est dépossédée de son corps, de l'usage de ses organes, et se tient à quartier en voyant faire celle qui s'y est introduite.... Quand je veux par le mouvement de l'une de ces deux âmes, faire un signe de croix sur ma bouche, l'autre me détourne la main avec grande vitesse, et me saisit le doigt avec les dents, pour me le mordre de rage.... Quand je veux parler, on m'arrête la parole; à la messe, je suis arrêté tout court; à la table, je ne puis porter le morceau à la bouche; à la confession, je m'oublie tout à coup de mes péchés, et je sens le diable aller et venir chez moi comme en sa maison. Ce n'est pas un seul démon qui me travaille; ils sont ordinairement deux. »

Il se passa dans cette affaire de l'exorcisme des religieuses quelques faits qui ne sont pas nets. Les diables ayant annoncé, à diverses reprises, que des pactes tomberaient du haut de l'église, ou qu'ils graveraient un nom sur la main de deux ou trois possédées, les prédictions se vérifièrent. On pensait que la supérieure avait la faculté de rester suspendue en l'air, et un jour qu'elle tournait ainsi, les enthousiastes criaient au miracle, quand un incrédule, soulevant sa robe, fit voir qu'elle touchait la terre avec la pointe de l'un de ses pieds. Le comte de Lude étant allé à Loudun, et voulant savoir à quoi s'en tenir sur les merveilles racontées, feignit de vouloir constater l'authenticité de reliques qui lui avaient été léguées par ses ancêtres, et demanda qu'il lui fût permis de s'assurer si le diable en ressentirait la vertu. Les exorcistes les prirent de sa main, et les appliquèrent à la prieure, qui aussitôt fit des cris horribles et des contorsions épouvantables. Au plus fort de ses accès, on lui ôta le reliquaire, et à l'instant elle redevint aussi tranquille qu'elle l'était auparavant. L'exorciste se tournant alors vers le comte, lui dit : « Je ne crois pas, monsieur, que vous doutiez maintenant de la vérité de vos reliques. — Je n'en doute pas plus, repartit celui-ci, que de la vérité de la possession; » et à l'instant il ouvrit la boîte dans laquelle on ne vit au lieu de reliques que de la plume et du poil. « Ah! monsieur, s'écria le prêtre, pourquoi vous êtes-vous moqué de nous? — Mais vous, mon père, répliqua le comte, pourquoi vous moquez-vous de Dieu et du monde? »

Il est curieux de voir à la distance des temps, les procès-verbaux des séances de cette instruction : en plusieurs endroits, à côté de la signature de Laubardemont et de grands personnages, la signature d'Asmodée et de Satan. (Manuscrits de la Bibliothèque royale.)

Les caractères auxquels on reconnaissait dans ces temps la possession étaient : 1° la connaissance des pensées non exprimées; 2° l'intelligence des langues inconnues; 3° la faculté de parler des langues inconnues ou étrangères; 4° la connaissance des événements futurs; 5° la connaissance de ce qui se passe dans des lieux éloignés ou situés hors de la portée de la vue ordinaire; 6° l'exaltation subite des facultés intellectuelles; 7° un développement des forces physiques supérieur à l'âge ou au sexe de celui qui les présentait; 8° la suspension du corps en l'air pendant un temps considérable.

II.

Histoires semblables aux histoires de magnétisme (suite) : Trembleurs des Cévennes.

Après la révocation de l'édit de Nantes, les protestants furent, comme on sait, persécutés. Cette persécution, rude partout, le fut davantage dans les provinces et principalement dans les campagnes, où le zèle est moins contrôlé. On les empêchait de se réunir, on allait jusqu'à leur enlever leurs enfants pour les élever dans la religion catholique. Dans les Cévennes, l'exaltation des protestants ainsi poursuivis fut extrême, et se manifesta par des signes singuliers. On était réuni dans des lieux déserts, à l'insu de l'autorité, pour chanter en commun des psaumes : soudain, quelqu'un des assistants était jeté à la renverse, tremblait de tout son corps, puis prêchait et prophétisait. Après lui, un autre continuait; et quelquefois même deux ou trois prêchaient en même temps; ceux en qui se montraient ces signes obtenaient sur le reste un grand ascendant. Il y en eut en peu de temps plusieurs milliers. On leur a donné le nom de *Trembleurs des Cévennes*. Cette fois ce furent des hommes chez lesquels se passèrent ces phénomènes extraordinaires : les réunions éloignées et clandestines ayant dû être peu fréquentées par les femmes. On vit un grand nombre d'enfants tomber dans cet état, prêcher et prophétiser à leur tour, même, dit-on, des enfants de trois ou quatre ans, et qui, habitués au patois, parlaient en français; quelques trembleurs s'exprimaient en des langues inconnues. Ils avaient la prétention d'apercevoir en esprit leurs persécuteurs à une grande distance, et de lire dans la pensée pour démasquer les traîtres. Un nommé Clary confondit ainsi deux espions,

qui avouèrent. L'insensibilité extérieure était portée chez eux à un haut degré. Un jeune homme,
en sentinelle sur un arbre, tomba de douze pieds
de haut sans se faire aucun mal. Mieux que cela,
pour prouver qu'il n'était pas d'intelligence avec
les espions qu'il avait démasqués, Clary demanda
et obtint l'épreuve du feu : on plaça autour de
lui, à la vue de l'assemblée, une grande quantité
de branches sèches auxquelles on mit le feu et
qu'on réduisit en cendres sans qu'il parût éprouver ni douleurs ni suffocations. Le prophète le plus
célèbre fut une jeune fille de seize à dix-sept ans,
connue sous le nom de *la Bergère de Cret*, qu'on
allait voir de très-loin. Elle avait l'apparence d'une
personne endormie sans aucun mouvement convulsif. Elle était d'une insensibilité complète à
toute sorte d'excitation; ne connaissant, dans son
état ordinaire, que très-imparfaitement le français,
elle s'exprimait alors dans cette langue très-pure-
ment; n'ayant jamais appris que son *Pater* et son
Credo, elle faisait pendant son sommeil des prières
admirables et excellentes; quand elle sortait de son
sommeil, elle ne se souvenait de rien de ce qu'elle
avait dit; elle soutenait qu'elle avait fort bien dormi,
quoiqu'elle eût parlé pendant quatre ou cinq heures, presque sans prendre de repos; elle faisait des
prédictions pendant son sommeil; elle n'en sortait
pas d'elle-même, mais demandait qu'on l'éveillât.

Pendant que les hommes, pour la plupart, donnaient le spectacle que nous avons dit, au milieu des champs ou des bois, dans les villes les femmes en faisaient autant. Le maréchal de Villars qui a terminé les troubles des Cévennes dit : « J'ai vu des choses que je n'aurais pas crues si elles ne s'étaient point passées sous mes yeux : une ville entière dont toutes les femmes et toutes les filles, sans exception, paraissaient possédées du diable. Elles tremblaient et prophétisaient publiquement dans les rues. »

III.

Histoires semblables aux histoires de magnétisme (suite) : Convulsionnaires de Saint-Médard.

Ce fut aussi dans une secte religieuse persécutée que se manifestèrent les faits étranges dont nous allons parler. On connaît l'histoire du jansénisme : les cinq propositions théologiques présentées comme extraites de Jansénius dénoncées à Rome; la lutte autour de ces propositions : d'un côté le gouvernement de Louis XIV et les jésuites, de l'autre les solitaires de Port-Royal; *les Provinciales* sortant de cette querelle; la question d'orthodoxie abandonnée pour une question de fait : à savoir si les propositions condamnables et condamnées à Rome en 1653 et en 1656 étaient ou non dans Jansénius; la signature du formulaire qui portait contre les propositions et contre Jansénius; les douleurs de ceux qui consentirent à signer et la proscription de ceux qui refusèrent (1665); Port-Royal rasé cinq ans après, les sépultures violées et les corps dispersés dans divers cimetières; enfin la part d'action et de courage qui, dans cette lutte, revient aux religieuses, ayant à leur tête les femmes de la famille d'Arnauld et de Pascal. Au XVIIIe siècle l'orage se reforma de nouveau. Le père Quesnel, de l'Oratoire, avait écrit un livre intitulé : *Réflexions morales sur le Nouveau Testament,* où l'on crut reconnaître les principes de Jansénius. Il fut condamné, en 1713, par le pape dans la bulle *Unigenitus.* Les difficultés du formulaire reparurent pour la bulle, et un grand nombre de jansénistes refusèrent d'y souscrire en appelant au futur concile, d'où on les nomma les appelants, et avec les oppositions, revinrent les persécutions. Parmi les appelants se distingua le diacre Pâris, qui refusa une cure pour éviter d'adhérer à la bulle, consuma sa fortune en œuvre de charité, vécut ensuite dans la pauvreté et le travail, mourut en odeur de sainteté (1727), et fut enterré au cimetière de Saint-Médard. Des malades qui visitèrent son tombeau pensèrent être guéris; ils publièrent ce miracle, et la foule vint au tombeau.

Bientôt des femmes enthousiastes du jansénisme, frappées de l'intercession de Dieu en sa faveur, tombèrent là en convulsions, d'autres femmes après elles, par contagion, et, à la suite, des guérisons merveilleuses, guérisons constatées avec une telle autorité, que la haine de parti elle-même ne put alors les réfuter suffisamment. Le gouvernement, qui favorisait les jésuites, vit avec déplaisir cette faveur renaissante du jansénisme : il ordonna la clôture du cimetière et le fit garder. L'archevêque de Paris interdit les visites au tombeau, et plusieurs convulsionnaires furent emprisonnés. Tout le monde connaît la plaisanterie qui fut faite alors ; on trouva sur la porte du cimetière cette inscription :

> De par le roi, défense à Dieu
> De faire miracle en ce lieu.

C'était en 1732 ; les miracles ne se firent plus au cimetière puisqu'il était gardé, mais ils continuèrent ailleurs, en plusieurs endroits, avec des effets moins violents, par l'absence du spectacle, en d'autres avec le caractère primitif. Un témoin considérable, Carré de Montgeron, conseiller au parlement de Paris, écrivit ce qu'il avait vu dans un livre intitulé : *La vérité des miracles de Páris* (1737-1748). Dans sa sincérité, il présenta ce livre à Louis XV, qui le fit enfermer à la Bastille, puis l'envoya en exil, où il mourut. Des faits tout pareils sont attestés, en 1759, par du Doyer de Gastel et par un homme illustre, La Condamine. On retrouve d'abord ici ce qu'on vient de voir chez les trembleurs des Cévennes : une exaltation des facultés intellectuelles, le don de parler avec éloquence des choses sur lesquelles, dans l'état ordinaire, on eût été en peine de s'exprimer (chez nos convulsionnaires jansénistes le texte ordinaire des sermons est le péché originel, la nécessité du secours divin, toutes les vérités condamnées dans la bulle).—La découverte du secret des cœurs.—La prévision de l'avenir (les convulsionnaires prédisaient volontiers la conversion des Juifs et la résurrection du prophète Élie, pour remettre toutes choses dans l'ordre, suivant les promesses de l'Évangile).—Ils donnèrent en outre des consultations pour les malades, déclarant l'état, la marche, et la fin des maladies.—Influence de l'état de convulsion sur la vie ordinaire : un M. Fontaine ayant prédit qu'il resterait quarante jours sans manger, resta quarante jours sans manger. Si quelques-uns, oubliant ce qu'ils avaient dit en convulsion, voulaient manger dans l'intervalle fixé pour le jeûne, ils ne le pouvaient absolument pas, ils ne pouvaient ingérer aucun aliment.—Le penchant à faire des *représentations* de différentes scènes : ordinairement il s'agissait de figurer la passion de

Jésus-Christ, ou les supplices que devaient un jour souffrir les infidèles après la venue d'Élie. Leur physionomie peignait, avec la vérité la plus frappante, tous les sentiments, toutes les sensations qu'ils voulaient représenter. Pendant qu'ils étaient étendus pour figurer le crucifiement, on voyait sur plusieurs se former des rougeurs ou d'autres marques, précisément aux endroits où les mains de Jésus-Christ ont été percées par des clous. — Mais rien n'égale les prodiges d'insensibilité extérieure et de force organique que les convulsionnaires firent paraître.

Nous ne parlons pas de l'épreuve du feu ni de traits de courage révoltants, dans le genre de celui qui est raconté de sainte Élisabeth de Hongrie : ce sont les moindres choses, mais de l'administration des *secours*. C'est, en effet, par là que les convulsions sont originales. Une fille de vingt-deux à vingt-trois ans, Jeanne Mouler, debout et le dos appuyé contre la muraille, recevait dans l'estomac et dans le ventre cent coups d'un chenet pesant ving-neuf à trente livres, qui lui étaient assenés par un homme des plus vigoureux. Cette fille assurait qu'elle ne pouvait être soulagée que par des coups très-violents ; et Carré de Montgeron, qui s'était chargé de les lui administrer, lui en ayant donné soixante avec toute la force dont il était capable, la sœur les trouva si insuffisants, qu'elle fit remettre le chenet entre les mains d'un homme plus robuste, qui lui administra les cent coups dont elle croyait avoir besoin. Alors Carré de Montgeron, pour prouver la force des coups qui n'avaient pu la satisfaire, s'essaya contre un mur. « Au vingt-cinquième coup, la pierre sur laquelle je frappais, qui avait été ébranlée par les précédents, acheva de se briser; tout ce qui la retenait tomba de l'autre côté du mur, et y fit une ouverture de plus d'un demi-pied de large. »

C'était aussi l'exercice de la *planche,* qui se faisait en étendant sur la convulsionnaire, couchée à terre, une planche qui la couvrait entièrement; et alors montaient sur cette planche autant d'hommes qu'il en pouvait tenir; la convulsionnaire les soutenait tous. Il en monta, dit-on, jusqu'à trente; « d'où il résulte, comme le fait observer Carré de Montgeron, que le corps de cette fille était chargé d'un poids de plus de trois milliers, poids qui serait plus que suffisant pour écraser un bœuf. » Une autre, couchée à terre, se faisait fouler aux pieds par les hommes les plus robustes, et n'était pas satisfaite encore. Une autre, qui était contrefaite, « se faisait attacher le cou avec une très-forte lisière, et faisait lier les deux bouts de deux autres lisières à chacun de ses pieds. Elle engageait ensuite deux des spectateurs à tirer, avec toute la violence qui leur était possible, les deux lisières qui tenaient à ses deux pieds; et afin qu'ils fussent en état de le faire avec plus de force, elle les priait de passer ces deux lisières en forme de ceinture autour de leurs reins, et de s'appuyer les pieds contre une grosse pièce de bois qu'on avait placée à cet effet. » Par ce moyen, son cou s'allongea, et elle porta ensuite la tête droite.

Il y avait aussi le *biscuit*. C'était un caillou de vingt-deux livres avec lequel un secouriste frappait sur le sein de la convulsionnaire. Il l'élevait aussi haut qu'il pouvait, et frappait aussi fort qu'il pouvait jusqu'à cent fois de suite. « A chaque coup, la chambre était ébranlée et le plancher tremblait. » Nous passons des faits horribles. Or, tous ces faits ont pour témoins les adversaires mêmes des convulsions, qui s'accordent ici avec les partisans, et ne trouvent d'autre recours que de les attribuer au démon. Ceux-ci mêmes, pour mieux les constater, demandèrent au parlement une enquête où il n'osa s'engager. Un fait curieux, c'est que tel de ces miracles, et des plus effrayants, fut attesté par Armand Arouet, le frère de Voltaire.

En 1660, les commissaires nommés par le roi, pour examiner les prétendues possédées d'Auxonne, déclarèrent qu'ils en avaient vu plusieurs se heurter la tête contre le pavé ou contre les murs avec une violence qui aurait dû entraîner une fracture du crâne, ou au moins une effusion de sang considérable, sans qu'il en résultât seulement une meurtrissure.

La Condamine nous a laissé le procès-verbal minutieux du crucifiement de deux femmes. Elles furent vraiment crucifiées; de longs clous furent enfoncés dans leurs mains et dans leurs pieds; après avoir tenu la croix debout, on la renversa un quart d'heure; puis on la redressa. Pour l'une d'elles, cela dura bien trois heures et demie. Ce qui ne fut pas, ajoute le témoin, sans donner des marques de la plus vive douleur.

IV.

Histoires semblables aux histoires de magnétisme (suite) : Exorcismes de Gassner. — Attouchements de Greatrakes. — Aimants du père Hell. — Traitements métalliques de Perkins.

Nous avons déjà parlé des exorcismes de Gassner lors de sa rencontre avec Mesmer. Il ordonnait au pouls d'une malade de battre plus ou moins vite, et le pouls obéissait. On a le procès-verbal de l'exorcisme d'une jeune fille, qui avait le don des *représentations*. Gassner lui ayant ordonné de paraître comme morte, son visage exprima parfaitement la mort, et elle parut entrer en agonie.

« Greatrakes[1], écrit le savant George Rust (doyen de Conmor, puis évêque de Dromore en Irlande), était un homme simple, aimable, pieux, étranger à toute fourberie. Il n'avait sur la religion aucune opinion erronée, et il était fort attaché aux rites de l'Église anglicane. J'ai passé trois semaines chez lui avec M. Conwayes, où j'ai eu l'occasion d'observer ses mœurs et de le voir guérir un très-grand nombre de malades. Par l'application de sa main, il faisait fuir la douleur et la chassait par les extrémités. L'effet était quelquefois très-rapide, et j'ai vu quelques personnes guéries comme par enchantement. Si la douleur ne cédait pas d'abord, il réitérait les frictions, et faisait ainsi passer le mal des parties les plus nobles à celles qui le sont moins, et enfin jusqu'aux extrémités. Je puis affirmer, comme témoin oculaire, qu'il a guéri des vertiges, des maux d'yeux et des maux d'oreilles très-graves, des épilepsies, des ulcères invétérés, des écrouelles, des tumeurs squirreuses et cancéreuses au sein. Je l'ai vu amener à maturité, dans l'espace de cinq jours, des tumeurs qui existaient depuis plusieurs années.

« Ces guérisons surprenantes ne m'induisent point à croire qu'il y eût quelque chose de surna-

1. Voy. Deleuze, *Histoire critique du magnétisme animal*, 2ᵉ volume.

turel ; lui-même ne le pensait point, et sa manière
de guérir prouve qu'il n'y avait ni miracle, ni influence divine. La cure était souvent fort lente ;
plusieurs maladies ne cédaient qu'à des attouchements réitérés ; quelques-unes même résistaient à
tous ses soins, soit qu'elles fussent trop invétérées,
soit à cause de la complexion du malade. Il paraît
qu'il s'échappait de son corps une émanation bal-
samique et salutaire.

« Greatrakes est persuadé que la faculté qu'il
possède est un don de Dieu, et voici pourquoi : Il
y a environ quatre ans qu'il crut éprouver une
sorte d'inspiration, et entendre une voix lui dire
qu'il avait reçu le don de guérir les écrouelles.
Fatigué plusieurs mois de suite par cette idée, il
en fit part à sa femme, qui pensa que c'était une
maladie de l'imagination. Un jour, ayant trouvé un
écrouelleux, il le toucha et le guérit ; il en chercha d'autres, et le succès qu'il obtint lui donna
confiance. Une fièvre épidémique s'étant déclarée
dans le pays, il se crut averti par la même voix,
et, s'étant rendu dans les lieux où les malades
étaient réunis, il les toucha et en guérit un grand
nombre. Il s'imagina bientôt qu'il pourrait guérir
toutes les maladies, et ses espérances furent réa-
lisées. Cependant il était quelquefois étonné de sa
puissance, et il allait jusqu'à douter si tout ce qu'il
croyait voir n'était pas une illusion ; mais enfin,

s'étant persuadé que Dieu lui avait accordé une faveur particulière, il se dévoua uniquement au soin des malades. »

Au témoignage d'un savant théologien joignons celui de deux médecins célèbres, Faireclow et Astelius, qui ont examiné soigneusement les guérisons opérées par Greatrakes.

« J'ai été frappé, dit Faireclow, de sa douceur, de sa bonté pour les malheureux, et des effets que produit sa main. Il n'emploie aucune cérémonie étrangère. Lorsqu'il a guéri quelqu'un, il ne s'en glorifie point, il se borne à lui dire, que Dieu vous conserve la santé; et, si on lui témoigne de la reconnaissance, il répond sérieusement qu'il faut uniquement remercier Dieu. Tous ceux qui l'ont connu admirent sa piété et sa modestie. Il se plaît surtout à donner ses soins aux matelots et aux soldats malades, par la suite des blessures qu'ils ont reçues ou des fatigues qu'ils ont éprouvées à la guerre. »

Écoutons maintenant Astelius.

« J'ai vu Greatrakes, dit-il, soulager à l'instant les plus vives douleurs par l'application de sa main. Je l'ai vu faire descendre une douleur de l'épaule jusqu'aux pieds, d'où elle sortait enfin par les orteils; une chose remarquable, c'est que lorsqu'il chassait ainsi le mal et qu'il était obligé de discontinuer, la douleur restait fixée dans l'endroit où il s'arrêtait, et ne cessait que lorsque, par de nouveaux attouchements, il l'avait conduite jusqu'aux extrémités. Quand les douleurs étaient fixées dans la tête ou les viscères, et qu'il les déplaçait, elles produisaient quelquefois des crises effrayantes et qui faisaient craindre pour la vie du malade, mais, peu à peu, elles passaient dans les membres et il les enlevait entièrement. J'ai vu un enfant de douze ans tellement couvert de tumeurs scrofuleuses qu'il ne pouvait faire aucun mouvement : Greatrakes fit résoudre la plupart de ces tumeurs par la seule application de sa main ; il ouvrit avec la lancette celles qui étaient les plus considérables, et il guérit les plaies en les touchant et en les mouillant quelquefois de sa salive. » Astelius raconte encore plusieurs guérisons remarquables dont il a été témoin. Il affirme qu'il en a vu un bien plus grand nombre dont il supprime le détail ; il confirme les éloges que Rust et Faireclow ont faits des mœurs et du caractère de Greatrakes, et il reconnaît comme eux que les guérisons qu'il opérait n'avaient rien de miraculeux, qu'elles n'étaient pas toujours complètes, et que même quelquefois il ne réussissait pas.

Valentin Greatrakes, chevalier d'Alfane, était né dans le comté de Waterford, en 1628. Ce fut en 1662 qu'il se sentit porté à toucher des écrouelles, et en 1665 qu'il essaya de traiter toute sorte de maladies. En 1666 il alla à Londres, et la cour l'appela à Whitehall. Il y fit des guérisons : mais il lui arriva ce qui devait arriver à un homme simple et pieux, plusieurs courtisans se moquèrent de lui. Il se retira dans un quartier de Londres, près d'un hôpital, où il allait tous les jours toucher des malades.

Nous avons cité plus haut les aimants du père Hell ; n'oublions pas les tracteurs métalliques de Perkins. Vers 1792, un médecin des États-Unis, Elisha Perkins, attribua aux métaux de l'influence sur les corps vivants. En conséquence, il fit construire un instrument long de deux pouces et demi, composé de différents métaux, appelé *tracteur métallique.* « Pour guérir, dit Deleuze, plusieurs affections locales et particulièrement les douleurs inflammatoires, il suffit de promener lentement la pointe du tracteur sur la partie affectée, en suivant la direction des principaux nerfs, et cela vingt ou trente minutes de suite, deux ou trois fois par jour. La maladie cède quelquefois à la première opération : souvent aussi la guérison exige plusieurs semaines. On fit avec le plus grand soin l'expérience des tracteurs métalliques dans les hôpitaux de Philadelphie. Un grand nombre d'hommes éclairés, parmi lesquels on compte des physiciens, des naturalistes, et quarante-deux médecins ou chirurgiens des plus distingués, attestent l'utilité de cette découverte, qui fut approuvée par le gouvernement. »

Benjamin Perkins, fils de l'inventeur, ayant porté des tracteurs à Londres en 1798, en fit publiquement l'essai dans les hôpitaux; il obtint une patente qui lui assurait le privilége exclusif de les vendre, et il fit imprimer la relation des cures opérées par ce moyen sur les hommes et les chevaux.

V.

Divers jugements de ces faits. Quelques-uns les nient. — Deleuze les explique par le magnétisme. — Le docteur Bertrand par l'extase. — Le docteur Dupau par les affections nerveuses.

Les faits que nous venons de rapporter ne sont guère communs, et il y en a d'extraordinaires par-dessus tous les autres. Il se trouve des personnes qui les nient absolument, et accusent de mensonge ou de prévention les acteurs et les témoins. D'autres les acceptent. Parmi ces derniers, Deleuze et les magnétiseurs les tirent à eux. Ce qui, selon eux, les a produits, c'est toujours et partout le fluide magnétique, connu ou inconnu, dirigé ou non dirigé. Écoutons Deleuze : « Rassemblez dans un même lieu plusieurs malades : qu'un homme bien convaincu qu'il a le pouvoir de les guérir s'approche d'eux, qu'il fasse usage de sa volonté, bientôt le fluide magnétique sera mis en action, et une fois que cela aura lieu, il se propagera d'une manière surprenante, et produira toutes les crises qu'on a vues au baquet de Mesmer. Les objets mêmes qui sont dans ce lieu pourront s'imprégner tellement de la vertu magnétique, qu'ils deviendront un ferment propre à la développer dans les lieux où on les transportera.... Au tombeau de Pâris, le magnétisme agissait de même qu'au baquet : la seule différence, c'est qu'aujourd'hui les magnétiseurs dirigent l'agent dont ils connaissent l'action, et qu'à Saint-Médard cette action était irrégulière et désordonnée.

« On trouve encore dans les provinces de bonnes gens qui se croient doués de la faculté de guérir certaines maladies. Ils réussissent ordinairement, parce qu'on ne leur a pas persuadé que leur confiance était un préjugé ridicule. Un cordonnier d'Auxerre, nommé Dal, était, il y a quelques années, connu dans cette ville pour guérir les douleurs de dents et les foulures. Il est essentiel de remarquer qu'il n'acceptait aucun salaire; il prétendait même que s'il se faisait une fois payer il ne réussirait plus. Lorsqu'on s'adressait à lui, sa première question était : « Voulez-vous être guéri? » On répondait : « Oui. » (C'était là sa manière de se mettre en rapport.) Il vous touchait pendant quelques minutes ; ensuite il vous disait : « Marchez

« sans crainte, » ou bien : « Servez-vous de votre
« main, » et l'on reconnaissait que le mal avait entièrement cessé. Je tiens ce fait de personnes dignes
de foi qui habitaient Auxerre, et qui ont eu plusieurs fois recours à lui. Ce n'est pas le seul exemple
que je connaisse ; mais il est inutile de raconter ces
choses-là à ceux qui ne croient pas au magnétisme. »

Le docteur Bertrand, qui d'abord se rapprochait
de l'opinion des magnétiseurs, prit plus tard d'autres idées. Il donna plus d'attention à un fait qui
lui expliqua les autres. Il arrive quelquefois à des
individus de tomber dans un état bizarre. Il s'opère
une sorte de divorce entre la vie physique et la vie
morale, et, dans ce divorce, le corps et l'âme
montrent chacun de singulières vertus. Quoique cet
état se présente sous les formes les plus diverses,
Bertrand le désigne sous le nom générique d'*extase*. Cet état n'est pas une maladie proprement
dite, quoique certaines maladies, comme les affections convulsives, y prédisposent éminemment, et
qu'il ne survienne que dans des circonstances déterminées. La plus puissante de ces circonstances
est une exaltation morale portée à un haut degré.
L'extase paraît dans tous les siècles; c'est elle qui
fait l'effet de la possession à Loudun, et du magnétisme animal au baquet de Mesmer et dans le sommeil des somnambules; les médecins l'ont jusqu'ici
méconnue.

Voici les signes qui la caractérisent : 1° l'insensibilité extérieure; 2° l'inertie morale, ou absence de retour sur soi-même; 3° l'oubli au réveil; 4° l'appréciation du temps; 5° l'exaltation de l'imagination; 6° le développement de l'intelligence; 7° les prévisions des crises; 8° l'instinct des remèdes; 9° l'influence particulière des individus sur leur organisation; 10° la communication des symptômes des maladies; 11° la communication des pensées; 12° le transport des sens; la vue sans le secours des yeux. L'observation du premier, du deuxième, du quatrième et du neuvième signe, lui appartiennent, dit-il, en propre.

Insensibilité extérieure. Une somnambule, par exemple, chante, et sans aucune altération de voix, pendant qu'on enfonce quarante ou cinquante épingles dans son corps. On se rappelle les expériences consignées dans le rapport de M. Husson.

Inertie morale. C'est-à-dire, l'absence de réflexion, de retour sur soi-même, pour reconnaître l'état où on se trouve, et en conséquence, à en juger par les réponses aux questions qui lui sont faites, nul étonnement chez le somnambule de l'état où il est et de la bizarrerie des états nouveaux par où on le fait passer. Par suite encore de leur inertie personnelle, une disposition chez les somnambules et extatiques à attribuer les connaissances qu'ils acquièrent à la révélation d'une intelligence étrangère. Comme ils ne se voient pas agir, ils supposent qu'un autre agit en eux.

Oubli au réveil. Le magnétisé oublie au réveil ce qui s'est passé dans son sommeil, et s'en souvient très-bien quand il se rendort. S'il oublie sa vie de sommeil, au contraire il se rappelle, et souvent avec une plus grande vivacité; sa vie éveillée. Il a pour ainsi dire deux existences divisées, et au rapport de Deleuze, parle quelquefois de l'être éveillé et de l'être endormi comme de deux êtres différents.

Appréciation du temps. Si on demande à un somnambule endormi combien de temps il faut le laisser dans l'état où il se trouve, ou à quelle époque il faudra lui administrer tel ou tel médicament, et qu'il indique un temps déterminé, il avertit lui-même de ce moment avec une précision étonnante.

Exaltation de l'imagination. On entend par là la faculté de recevoir, des objets absents, la même impression que s'ils étaient présents. On rêve en extase comme dans le sommeil ordinaire, et sous l'empire d'une complète illusion, le spectacle variant seulement selon les dispositions physiques ou morales des somnambules.

Développement de l'intelligence. Ce développement est d'ordinaire beaucoup moins grand dans

le somnambulisme magnétique que dans les autres
modifications de l'extase. La mémoire, particulièrement, est très-développée, et même des circonstances insignifiantes de l'enfance se représentent
à elle très-vivement. De là la faculté de parler
des langues dont on n'avait qu'une connaissance
imparfaite, ou que l'on a oubliées depuis longtemps. Deleuze a vu une demoiselle de seize ans
dicter, sur son invitation, des traités remarquables
de médecine.

Prévision. On entend par là, dans les malades,
la faculté d'annoncer d'avance les modifications
organiques qui doivent survenir en eux, et d'indiquer avec la plus grande précision le moment de
l'invasion de ces changements ou crises, leur durée et les principaux symptômes qu'elles doivent
présenter. L'auteur a vu jusqu'à soixante accès des
plus graves prédits par une somnambule et prédits, pour le commencement et la fin, *à la minute;* et aussi un délire de quarante-deux heures
qui eut lieu exactement.

Instinct des remèdes. Il rabat beaucoup de la
prétendue divination accordée en ce genre aux
somnambules. Il a vu ordinairement les somnambules se faire *pour eux-mêmes* des prescriptions incontestablement moins déraisonnables que celles
qu'on aurait dû attendre de personnes absolument
étrangères à l'art de guérir.

Influence particulière des somnambules sur leur organisation. D'abord l'influence de l'imagination sur l'état du corps, influence déjà considérable chez les hommes dans l'état ordinaire, est autrement puissante et constante chez les somnambules. Puis des influences plus cachées encore : des accidents prédits dans le sommeil, arrivant dans l'état de veille peut-être parce qu'ils ont été prédits ; et ces *représentations* extérieures, par des taches sensibles sur le corps, des affections qu'ils pensent éprouver.

Communication des symptômes des maladies, le don de ressentir, par suite d'un simple contact, les douleurs des malades avec lesquels on entre *en rapport.* C'était une des marques auxquelles autrefois, encore en 1699, on reconnaissait les sorciers, ce qui paraît dans le procès d'une malheureuse accusée d'avoir souffert sur sa personne le mal d'une autre femme à qui elle l'avait ainsi enlevé : c'était encore une vertu des convulsionnaires. Le docteur Bertrand assure avoir constaté cette propriété de manière à ne conserver aucun doute.

Communication des pensées, permission de lire dans l'esprit des autres : ancien signe de possession. L'auteur n'avance ici qu'avec réserve. Il cite d'abord plusieurs témoignages anciens : celui du père Surin, cet exorciste, plus tard possédé, dans l'affaire de Loudun. A l'en croire, les religieuses

« disaient les pensées les plus secrètes. » M. Bertrand cite encore Gaston d'Orléans, qui atteste de sa main « qu'une religieuse avait obéi à un ordre qu'il lui avait donné mentalement sans proférer aucune parole et sans faire aucun signe; » — Jean Cavalier, qui raconte que deux jeunes garçons ont deviné jusqu'aux moindres circonstances de ce qu'il éprouvait intérieurement; les écrits de plusieurs auteurs amis et ennemis, attribuant aux convulsionnaires la faculté de découvrir les cœurs, l'intérieur des consciences; — Mme Guyon, racontant, dans l'histoire de sa vie, que souvent elle lisait dans la pensée du père Lacombe, son confesseur, comme celui-ci dans la sienne : « Je compris que les hommes pouvaient dès cette vie apprendre le langage des anges; *peu à peu je fus réduite à ne lui parler qu'en silence*; » — M. de Puységur, cité plus haut. Enfin M. Bertrand rapporte ses aventures avec des somnambules; l'une qu'il faisait mine d'éveiller, mais avec une volonté contraire, lui disant : « Comment, vous me dites de m'éveiller et vous ne voulez pas que je m'éveille! » l'autre, entièrement ignorante, lui expliquant le sens du mot *encéphale*, qu'il lui avait proposé, avec une parfaite justesse, « phénomène, dit-il, qui, si on ne veut pas y voir un hasard aussi difficile peut-être que la faculté même qu'il suppose, ne peut s'expliquer qu'en reconnaissant que cette femme lisait dans ma pensée même la signification du mot sur lequel je l'avais interrogée. »

Vue sans le secours des yeux. L'auteur a vu une somnambule indiquer avec précision le lieu où se trouvait une bague qu'il avait ôtée du doigt de cette somnambule pour la donner à une dame ; et encore il ignorait que le mari de cette dame eût pris la bague pour la mettre dans sa poche. Il cite les *Observations de Pététin sur sept cataleptiques.* L'une reconnaît les cartes glissées dans son lit et placées sur son estomac, divers objets dans la main d'une personne ou dans une boîte ; sous la veste de son médecin une bourse glissée là par un incrédule, et en indique le contenu ; dans les poches de tous les spectateurs ce qu'elles renferment de plus curieux ; au travers d'un paravent, Pététin prenant par erreur le manteau de son mari pour le sien, et le fait avertir de son erreur. Une autre désigne dans la poche d'un spectateur un louis qu'elle déclare n'avoir pas le poids, et lit une ordonnance renfermée dans un papier cacheté.

Dans une ville d'Allemagne, trois médecins attestent des faits pareils : par exemple, une somnambule lisant un écrit renfermé dans un secrétaire. Deleuze certifie qu'une jeune somnambule, après avoir lu les yeux bandés sept ou huit lignes très-couramment, comme on lui présente une boîte de carton fermée où étaient écrits les mots : *ami-*

tié, santé, bonheur, lut le premier mot, et soupçonna que les deux autres étaient *bonté, douceur.* M. Rostan parle d'une somnambule lisant exactement et à plusieurs reprises l'heure que marquait une montre placée derrière sa tête. M. Georget a vu chez une somnambule « des phénomènes fort étonnants de prévision et de clairvoyance, tellement, dit-il, que dans aucun ouvrage de magnétisme, pas même dans celui de Pététin, je n'ai rien rencontré de plus extraordinaire, ni même tous les phénomènes que j'ai été à même d'observer. » Enfin, le mathématicien Francœur publie, tout en ne le garantissant pas et n'y croyant pas, dit-il (vers 1829), un récit de faits merveilleux de ce genre, constatés pendant plusieurs mois par différents médecins des eaux d'Aix, et notamment M. Despine, médecin en chef de l'établissement. C'est une malade qui voit, entend et odore par les doigts et les orteils ; une autre lisant du doigt dix pages entières avec une extrême vivacité, choisit sur un paquet de plus de trente lettres, l'une d'entre elles qu'on lui avait indiquée, en écrit, les corrige, les recopie mot pour mot, en lisant avec le coude gauche, tandis qu'elle écrivait de la main droite. Tout cela à travers un écran de carton épais qui lui masquait exactement les objets. Les mêmes faits avaient lieu sur l'épigastre, à la plante des pieds, et en diverses parties du corps. Elle rapportait tou-

jours la vision à l'œil, l'odorat aux narines, aspi-
rant l'air par le nez, tandis qu'elle sentait par le
bout des doigts, et, quand elle lisait par la paume
de la main, se frottant les yeux pour voir plus
clair.

On trouve des faits pareils de sens transportés
dans les histoires des possédés, des sorciers et des
convulsionnaires. L'exorciste Surin, parlant des religieuses de Loudun, dit qu'il peut jurer *devant
Dieu et sur son Église*, que plus de deux cents fois
elles lui ont découvert des choses très-cachées en
sa pensée ou en sa personne. A propos de cette
pauvre sorcière de 1699, Marie Bucaille, on lit dans
le *factum* rédigé en sa faveur : « Le sieur curé de
Golleville rapporte que ladite Bucaille étant dans
une de ses extases, il lui mit une lettre dans la
main au sujet de la femme d'un de ses amis qui
était malade ; et qu'aussitôt, sans avoir ouvert la
lettre, ni entendu ce qu'on lui voulait, elle se mit
à offrir à Dieu des prières pour cette personne,
qu'elle nomma. Le même curé rapporte que pendant une autre extase, ayant mis un autre billet
entre ses mains, plié et cacheté, où un homme
demandait éclaircissement sur plusieurs choses,
elle répondit pertinemment aux demandes qui lui
étaient faites, sans ouvrir le billet. »

Chez les convulsionnaires, mêmes phénomènes.
« Un fait indubitable, attesté par une foule de per-

šonnes de mérite et très-dignes de foi qui l'ont vu et examiné avec tout le soin et l'attention possibles, est celui d'un convulsionnaire qui reconnaît et distingue par l'odorat, *au point de lire ce qu'on lui présente, quoiqu'on lui couvre exactement les yeux avec un bandeau très-épais qui lui dérobe entièrement la lumière.* » (Coup d'œil sur les convulsions.)

Quant à la faculté chez les extatiques de voir ce qui se passe dans leur propre corps, le docteur Bertrand n'y peut croire : au milieu d'une foule de faits absolument contraires, il n'en a trouvé que deux ou trois tout au plus qui fussent un peu satisfaisants.

Comme on voit, le docteur Bertand accueille, et même volontiers, un grand nombre de faits merveilleux, et les explique par un état particulier, qu'il appelle extase. Le docteur Dupau, plus radical, nie un certain nombre de faits, les plus extraordinaires, et attribue les autres simplement aux affections nerveuses déjà connues.

VI.

Conditions pour croire aux faits. — Faits certifiés, incroyables.

Nous n'avons pas la prétention de décider qui a raison dans les disputes sur le magnétisme; nous

déclarons seulement ce qu'il faudrait pour convaincre décidément le public.

D'abord, avant d'expliquer les faits, il est nécessaire de les constater. On évite ainsi, dit
Fontenelle, le ridicule d'avoir trouvé la cause de
ce qui n'est point. Ce malheur arriva autrefois à
quelques savants d'Allemagne dans l'affaire de la
dent d'or, que cet auteur a spirituellement racontée. « En 1593, le bruit courut que, les dents
étant tombées à un enfant de Silésie, âgé de sept
ans, il lui en était venu une d'or à la place d'une
de ses grosses dents. Horstius, professeur de médecine dans l'université de Helmstadt, écrivit,
en 1595, l'histoire de cette dent, et prétendit
qu'elle était en partie naturelle, en partie miracu-
leuse, et qu'elle avait été envoyée de Dieu à cet
enfant pour consoler les chrétiens affligés par les
Turcs. Figurez-vous quelle consolation et quel rapport de cette dent aux chrétiens et aux Turcs.
En la même année, afin que cette dent ne man-
quât pas d'historiens, Bullandus en écrit encore
l'histoire. Deux ans après, Ingelsteterus, autre
savant, écrit contre le sentiment que Bullandus
avait de la dent d'or, et Bullandus fait aussitôt une
belle et docte réplique. Un autre grand homme,
nommé Lebavius, ramasse tout ce qui avait été dit
de la dent, et y ajoute son sentiment particulier.
Il ne manquait autre chose à tant de beaux ou-

ET LE MAGNÉTISME ANIMAL.

vrages, sinon qu'il fût vrai que la dent était d'or.
Quand un orfévre l'eut examinée, il se trouva que
c'était une feuille d'or appliquée à la dent avec
beaucoup d'adresse; mais on commença par faire
des livres, et puis on consulta l'orfévre. »

Donc, allons d'abord au fait. A quelles conditions est-il certain? A deux conditions : 1° qu'il n'y
ait pas de supercherie; 2° qu'il n'y ait pas d'illusion. Pour la supercherie, on ne doute pas qu'elle
n'ait eu souvent lieu dans le magnétisme comme
partout, et il serait curieux de rencontrer un
croyant au magnétisme qui crût à la bonne foi
de tous les magnétiseurs et de tous les magnétisés
qui ont paru. N'y a-t-il aucune somnambule qui
ait feint de dormir, feint d'être insensible, feint
de deviner ce qu'elle savait parfaitement d'ailleurs,
ou ce qu'elle avait connu par elle-même, ou ce
qu'elle tenait des informations de quelque com-
père instruit par les causeries de l'antichambre?
On raconte que dans un salon une femme d'esprit, se prêtant aux expériences du magnétisme,
fit semblant d'être endormie et en profita pour
dire à chacun les plus cruelles vérités. Personne
dans la société ne la crut somnambule et lucide :
on ne croit jamais qu'une personne qui voit de
telles choses voie clair. Mais si, en maltraitant
quelques-uns, elle eût débité des compliments aux
autres, et choisi dans les secrets de comédie, pour

les divulguer, ceux que les intéressés eussent choisis eux-mêmes, il est hors de doute qu'elle eût acquis sur place la réputation d'un excellent sujet magnétique. S'il y a eu un seul cas de supercherie, il peut y en avoir eu cent mille, et il est important de se tenir sur ses gardes.

Outre le mensonge des acteurs, il y a le mensonge des témoignages. Il faut voir 1° s'il y a des témoins; 2° s'ils méritent créance; 3° s'ils ont dit les choses qu'on leur prête; 4° s'ils les ont dites comme on les leur fait dire. « Je ne sais, dit Lebrun, d'où est venue cette fable qui s'est si bien insinuée dans les esprits, que le tombeau de Mahomet est dans une chambre dont les murailles sont toutes couvertes d'aimant qui l'attirent de tous les côtés; car non-seulement cela n'est pas; mais encore ne fut jamais, et lorsque j'en ai parlé à des Turcs, je les ai bien fait rire. Il est constant que le cercueil de Mahomet n'est pas de fer, ni soutenu en l'air par le moyen de l'aimant; mais qu'il est de bonnes pierres de taille, posé à plate terre, d'où il n'a jamais été remué. (*Histoire des superstitions.*)

« Le public n'aurait-il pas été porté à croire qu'une femme était accouchée de plusieurs lapins en diverses fois, puisque cela avait été mis dans plusieurs gazettes, sur le certificat du chirurgien accoucheur, et sur l'autorité de l'anatomiste du roi, qui en avait publié une relation comme d'un fait constant; mais le roi d'Angleterre prit de si justes mesures qu'on découvrit l'imposture, et que le même anatomiste du roi en a fait des excuses publiques.

« Fernel, premier médecin de Henri II, composait un traité sur les causes cachées des choses, où, parmi plusieurs choses curieuses, il s'avisa, pour se divertir, de décrire en beau latin les propriétés de la flamme d'un charbon allumé, comme si c'était une pierre lumineuse et brûlante venue des Indes. M. Mizand, avide de raretés, fut ravi d'apprendre celle-ci. Loin de croire que l'on le jouait, il se fit fête de la lettre, et en régala M. de Thou, qui ne craignit pas d'insérer la relation de ce fait dans son histoire qu'on achevait d'imprimer. Tandis qu'on faisait tous ces raisonnements sur la prétendue merveille, M. de Thou apprit que le sieur Mizand avait été joué. Il fut fâché d'avoir été si crédule, et de s'être si fort pressé d'insérer dans ses histoires cette pièce qui n'était pas trop de son sujet. Il obtint des libraires de France qu'ils ne la mettraient plus dans les éditions postérieures, mais il ne trouva pas la même condescendance dans les imprimeurs d'Allemagne. Ceux-ci ne purent se résoudre à supprimer cette pièce curieuse. Ils n'ont pas manqué de la mettre dans leurs éditions; en sorte que plusieurs s'y sont trompés et s'y tromperont encore. »

On lisait dans une lettre au *Mercure* de 1725 :
« Il y a une jeune femme à Lisbonne qui a de vrais
yeux de lynx; ce n'est pas une exagération; elle a
la vue si perçante, qu'elle découvre l'eau dans la
terre à quelque profondeur que ce soit. » Un minime se chargea d'apprendre aux auteurs du *Mercure* que ce fait n'était pas si nouveau qu'ils le pen-
saient : « Supposant toujours le talent bien prouvé
de notre Portugaise, je vous dirai que ce n'est pas
l'unique personne qui ait été pourvue du rare avantage d'une vue si pénétrante : on a vu à Anvers un
prisonnier dont la vue était si perçante et si vive,
qu'il découvrait sans aucun secours d'instrument,
et avec facilité, tout ce qui était caché et couvert
sous quelques sortes d'étoffes ou d'habits que ce
fût, à l'exception seulement des étoffes teintes en
rouge. Mon garant sur un fait si singulier est
M. Huygens, ce célèbre mathématicien si connu
de tout le monde savant, qui l'a écrit au révérend
père Mersenne. » Or il est curieux de recourir à la lettre d'Huygens, apportée ici comme autorité: C'est le
post-scriptum. « En récompense du voyage du pa-
radis que vous me communiquez, vous saurez pour
chose assez étrange, quoique vieille, que des gens
sérieux, d'âge et de condition, déclarent avoir vu
prisonnier à Anvers, durant nos premières guerres,
un homme qui avait la faculté de voir au travers des
habits, pourvu qu'il n'y eût point de rouge, qu'en-

suite la femme de son geôlier l'étant venue voir avec d'autres femmes pour le consoler dans sa calamité, elles furent bien étonnées de le voir rire, et le pressant de dire ce qui en était cause, il répondit froidement, parce qu'il y en a une d'entre vous qui n'a point de chemise, ce qui fut avoué. »

On se rappelle une mystification qui ne date pas déjà de si loin, ce beau rapport du grand astronome Herschell, qui, avec sa longue lunette, avait vu ce qui se passe dans la lune, en avait décrit exactement la configuration, les productions, les habitants et les mœurs de ces habitants. Ce petit ouvrage fut acheté à profusion. On ne parlait plus que des habitants de la lune; à peine quelques esprits forts osaient-ils émettre un léger doute : on les écrasait de l'autorité d'Herschell. En fin de compte, il se trouva que, dans cette affaire, tout était mensonge, excepté le profit du menteur.

· Autre cause d'erreur : l'illusion. On n'y fait pas assez d'attention d'ordinaire; vraiment elle mérite la plus grande part dans les erreurs de ce monde. Il est étrange comme, quand nous avons quelque prévention, elle nous rend sourds et aveugles. Mettez des hommes de parfaite bonne foi, mais diversement passionnés, devant la même scène, et interrogez-les, ils vous feront des récits tout différents : les uns ont vu et entendu ce que d'autres n'ont ni vu ni entendu, les uns ont vu et entendu

le contraire de ce que d'autres ont vu et entendu.
Cela nous arrive tous les jours.

La Mothe Le Vayer nous en donne deux exemples tirés des historiens du xviᵉ siècle : « La victoire de l'empereur Charles-Quint sur le duc de Saxe, au passage de l'Elbe, fut publiée par toute l'Europe, comme si le soleil avait visiblement retardé fort longtemps son cours en faveur des impériaux. Cela passa pour si constant, que Henri II s'en voulut informer du duc d'Albe, lorsqu'il vint le trouver pour le mariage d'Élisabeth de France avec Philippe II. La réponse du duc fut digne de lui et de celui qui l'interrogeait : qu'à la vérité tout le monde contait cette merveille, mais qu'il avouait à Sa Majesté que le soin des choses qui se passaient alors sur la terre l'avait empêché d'observer ce qui se faisait au ciel, accompagnant son dire d'un souris qui témoignait ce qu'on devait croire touchant cela. Je prendrai le second exemple de ce qu'a écrit Jean-Baptiste Legrain, que j'estime beaucoup d'ailleurs, dans la décade de Louis le Juste. Il dit au sixième livre qu'il observa lui-même dans Paris, l'an 1615, sur les huit heures du soir du 26 octobre, des hommes de feu au ciel qui combattaient avec des lances, et qui, par ce spectacle effrayant, pronostiquaient la fureur des guerres qui suivirent. Cependant j'étais aussi bien que lui dans la même ville, et je proteste, pour avoir contemplé assidûment jusque sur les onze heures de nuit le phénomène dont il parle, que je ne vis rien de tel qu'il le rapporte. » L'histoire rappelée par Walter Scott, sur la foi d'un très-honnête chroniqueur, qui lui-même attestait un bon nombre d'hommes encore vivants, est dans ce genre, mais beaucoup mieux. En Écosse, dans un village sur la Clyde, les habitants avaient été avertis qu'on voyait, le long du rivage, des hommes d'armes qui combattaient : les uns tombaient à terre et disparaissaient, d'autres surgissaient à leur place. On se rendit au lieu indiqué : deux cents personnes virent, cent ne virent pas. « Je ne vis rien, continue le chroniqueur, mais la frayeur et le tremblement de ceux qui voyaient frappaient assez tous les autres. »

Combien de fois on aide naïvement à la tromperie, et on confesse à son insu la chose qu'on vient demander ! La scène de *l'Avare* se répète perpétuellement, et Molière n'a pas corrigé tout le monde.

Harpagon. Cette cassette, comment est-elle faite ? je verrai bien si c'est la mienne.

Maître Jacques. Comment elle est faite ?

Harpagon. Oui.

Maître Jacques. Elle est faite comme une cassette.

Le Commissaire. Cela s'entend. Mais dépeignez-la un peu pour voir.

Maître Jacques. C'est une grande cassette....

Harpagon. Celle qu'on m'a volée était petite.

Maître Jacques. Hé oui, elle est petite, si on le veut prendre par là; mais je l'appelle grande pour ce qu'elle contient.

Le Commissaire. Et de quelle couleur est-elle?

Maître Jacques. De quelle couleur?

Le Commissaire. Oui.

Maître Jacques. Elle est de couleur.... là, d'une certaine couleur.... Ne sauriez-vous m'aider à dire?

Harpagon. Hé?

Maître Jacques. N'est-elle pas rouge?

Harpagon. Non, grise.

Maître Jacques. Hé oui, gris, rouge, c'est ce que je voulais dire.

Harpagon. Il n'y a point de doute, c'est elle assurément. —

Maître Jacques. Ne lui allez pas dire au moins que c'est moi qui vous ai découvert cela. —

Il y a plusieurs histoires fort étonnantes qui ont beau être exactement attestées, on ne peut se résoudre à les croire. Otez le mensonge de l'acteur, ou la supposition de l'histoire par un étranger; ôtez l'illusion du témoin et la tromperie du hasard; quand vous aurez ôté tout cela, et ce n'est pas peu, il restera chez vous une répugnance invincible à admettre la vérité des faits. Cet ancien disait bien : « Quand tu me persuaderais, tu ne me persuaderais pas. » Nous choisirons quelques-unes de

ces histoires prodigieuses entre les plus célèbres :
le nombre en est infini.

L'anecdote suivante est racontée par Marguerite
de Navarre dans ses Mémoires : « La reine ma
mère, dit-elle, était à Metz dangereusement malade
de la fièvre ; elle rêvait ; et étant assistée, autour
du lit, du roi Charles, mon frère, de ma sœur et
mon frère de Lorraine, de plusieurs messieurs du
conseil et de force dames et princesses qui, la tenant hors d'espérance, ne l'abandonnaient point,
s'écria, continuant ses rêveries, comme si elle eût
vu donner la bataille de Jarnac : — Voyez comme
ils fuient ; mon fils a la victoire ! Eh mon Dieu !
relevez mon fils, il est par terre ! Voyez-vous
dans cette haie le prince de Condé mort ? — Tous
ceux qui étaient là croyaient qu'elle rêvait ; mais
la nuit après, M. de Losses m'ayant apporté la
nouvelle : — Je le savais bien, dit-elle ; ne l'avais-je
pas vu avant-hier ? — Lors on reconnut bien que
ce n'était pas rêverie de la fièvre, mais avertissement que Dieu donne aux personnes illustres. »

On lit dans les Mémoires de l'abbé de Choisy
des récits fort surprenants de cette sorte. Il faut
seulement noter qu'ils ne se trouvent pas dans le
manuscrit de M. d'Argenson, et qu'ils ont été ulté-
rieurement publiés à la suite d'une vie de l'auteur.
Une première fois l'abbé de Choisy tente de voir
de l'extraordinaire. Le curé de Roissy devait lui

faire voir dans un verre d'eau des choses merveilleuses. Mais le sorcier fut glacé, et annonça
qu'il ne ferait rien en sa présence. Il s'en alla, et
le lendemain on lui protesta qu'on avait vu le
diable ou quelque chose d'approchant. Suit une
curieuse histoire arrivée chez la comtesse de Soissons, nièce du cardinal Mazarin. Son mari était
malade en Champagne; elle était incertaine si elle
partirait pour l'aller trouver, quand un vieux gen-
tilhomme de sa maison lui offrit de lui faire dire
par un esprit si le comte mourrait de cette maladie. Il fit entrer une petite fille de cinq ans, et
lui mit à la main un verre d'eau. Il dit tout
bas qu'il commanderait à l'esprit de faire paraître
un cheval blanc dans le cas où le comte devrait
mourir. Cinq fois de suite le cheval blanc parut.
Mme de Bouillon était présente avec M. de Ven-
dôme, et le duc à présent maréchal de Villeroy.
« Les trois personnes présentes le content à qui
veut l'entendre. »

Mais la maîtresse histoire en ce genre est celle
que raconte Saint-Simon dans ses Mémoires
(chap. CLXI). « Voici une chose que le duc d'Orléans
me raconta dans le salon de Marly, dans un coin
où nous causions tête à tête, un jour que sur le
point de son départ pour l'Italie, il arrivait de
Paris, dont la singularité, vérifiée par des événements qui ne se pouvaient prévoir alors, m'en-

gage à ne pas l'omettre. Il était curieux de toutes sortes d'arts et de sciences, et avec infiniment d'esprit, avait eu toute sa vie la faiblesse si commune à la cour des enfants de Henri II, que Catherine de Médicis avait entre autres maux apportée d'Italie. Il avait tant qu'il avait pu cherché à voir le diable sans avoir pu y parvenir, à ce qu'il m'a souvent dit, et à voir des choses extraordinaires et à savoir l'avenir. La Sery avait une petite fille chez elle de huit ou neuf ans, qui y était née et n'en était jamais sortie, et avait l'ignorance et la simplicité de cet âge et de cette éducation. Entre autres fripons de curiosités cachées, dont M. le duc d'Orléans avait beaucoup vu dans sa vie, on lui en produisit un chez sa maîtresse, qui prétendit faire voir dans un vase rempli d'eau tout ce qu'on voudrait savoir. Il demanda quelqu'un de jeune et d'innocent pour y regarder, et la petite fille s'y trouva propre. Ils s'amusèrent donc à vouloir savoir ce qui se passait alors dans des lieux éloignés, et la petite fille voyait et rendait ce qu'elle voyait à mesure. Cet homme prononçait tout bas quelque chose sur ce verre rempli d'eau, et aussitôt on y regardait avec succès.

« Les duperies que M. le duc d'Orléans avait souvent essuyées l'engagèrent à une épreuve qui pût le rassurer. Il ordonna tout bas à un de ses gens, à l'oreille, d'aller sur-le-champ, à quatre pas de là, chez Mme de Nancré, de bien examiner ce qui y était et ce qui s'y faisait, la position et l'ameublement de la chambre, et la situation de tout ce qui s'y passait, et sans perdre un moment ni parler à personne, de venir le lui dire à l'oreille. En un tournemain la commission fut exécutée sans que personne s'aperçût de ce que c'était, et la petite fille toujours dans la chambre. Dès que M. le duc d'Orléans fut instruit, il dit à la petite fille de regarder dans le verre qui était chez Mme de Nancré, et ce qui s'y passait. Aussitôt, elle leur raconta mot pour mot ce qu'y avait vu celui que M. le duc d'Orléans y avait envoyé. La description du visage, des figures, des vêtements des gens qui y étaient, leur situation dans la chambre, les gens qui jouaient à deux tables différentes, ceux qui regardaient ou qui causaient assis ou debout, la disposition des meubles, en un mot, tout. Dans l'instant, M. le duc d'Orléans y envoya Nancré, qui rapporta avoir tout trouvé comme la petite fille l'avait dit, et comme le valet qui y avait été d'abord l'avait rapporté à l'oreille de M. le duc d'Orléans.

« Il ne me parlait guère de ces choses-là parce que je prenais la liberté de lui en faire honte. Je pris celle de le pouiller à ce récit, et de lui dire ce que je crus pouvoir le détourner d'ajouter foi et de s'amuser à ces prestiges, dans un temps

surtout où il devait avoir l'esprit occupé de tant
de grandes choses. — Ce n'est pas tout, me dit-il,
et je ne vous ai conté cela que pour venir au
reste; — et tout de suite il me conta que, encou-
ragé par l'exactitude de ce que la petite fille avait
vu de la chambre de M. de Nancré, il avait voulu
voir quelque chose de plus important et ce qui se
passerait à la mort du roi, mais sans en rechercher le temps, qui ne pouvait se voir dans ce
verre. Il le demanda donc tout de suite à la petite fille qui n'avait jamais ouï parler de Versailles, ni vu personne que lui de la cour. Elle
regarda et leur expliqua longuement tout ce qu'elle
voyait. Elle fit avec justesse la description de la
chambre du roi à Versailles et de l'ameublement
qui s'y trouva en effet à sa mort. Elle le dépei-
gnit parfaitement dans son lit et ce qui était debout auprès du lit ou dans la chambre, un petit
enfant venu avec l'ordre de Mme de Ventadour,
sur laquelle elle s'écria parce qu'elle l'avait vue
chez Mlle de Sery. Elle leur fit connaître Mme de
Maintenon, la figure singulière de Fagon, Mme la
duchesse d'Orléans, Mme la duchesse, Mme la prin-
cesse de Conti; elle s'écria sur M. le duc d'Orléans; en un mot elle leur fit connaître ce qu'elle
voyait là de princes, de seigneurs, de domestiques ou valets. Quand elle eut tout dit, M. le duc
d'Orléans, surpris qu'elle ne leur eût point fait con-

naître Monseigneur, Mgr le duc de Bourgogne, Mme la
duchesse de Bourgogne, ni M. le duc de Berry,
lui demanda si elle ne voyait point de figures de
telle ou telle façon. Elle répondit constamment
que non, et répéta celles qu'elle voyait. C'est ce
que M. le duc d'Orléans ne pouvait comprendre
et dont il s'étonna fort avec moi, et en recher-
cha vainement la raison. L'événement l'expliqua.
On était alors en 1706. Tous quatre étaient alors
pleins de vie et de santé, et tous quatre étaient
morts avant le roi. Ce fut la même chose de M. le
prince, de M. le duc, et de M. le prince de Conti
qu'elle ne vit point, tandis qu'elle vit les enfants des deux derniers, M. du Maine, les siens,
et M. le comte de Toulouse. Mais jusqu'à l'événement, cela demeura dans l'obscurité.

« Cette curiosité achevée, M. le duc d'Orléans voulut savoir ce qu'il deviendrait. Alors ce ne fut plus
dans le verre. L'homme qui était là, lui offrit de
le lui montrer comme peint sur la muraille de la
chambre, pourvu qu'il n'eût point peur de s'y
voir; et au bout d'un quart d'heure de quelques
simagrées devant eux tous, la figure de M. le duc
d'Orléans, vêtu comme il l'était alors et dans sa
grandeur naturelle, parut tout à coup sur la muraille comme en peinture, avec une couronne fermée sur la tête. Elle n'était ni de France, ni d'Espagne, ni d'Angleterre, ni impériale. M. le duc

d'Orléans qui la considéra de tous ses yeux ne put jamais la deviner : il n'en avait jamais vu de semblable, elle n'avait que quatre cercles et rien du sommet. Cette couronne lui couvrait la tête.

« De l'obscurité précédente et de celle-ci, je pris occasion de lui remontrer la vanité de ces sortes de curiosités, les justes tromperies du diable que Dieu permet pour punir les curiosités qu'il défend; le néant et les ténèbres qui en résultent, au lieu de la lumière et de la satisfaction qu'on y recherche. Il était assurément alors bien éloigné d'être régent du royaume et de l'imaginer. C'était peut-être ce que cette couronne singulière lui annonçait. Tout cela s'était passé à Paris chez sa maîtresse, en présence de leur plus étroit intrinsèque, la veille du jour qu'il me le raconta, et je l'ai trouvé si extraordinaire, que je lui ai donné place ici non pour l'approuver, mais pour le rendre. »

Nous ne savons plus aujourd'hui ce que c'est que la baguette divinatoire : elle a eu autrefois un grand crédit dans toute l'Europe. Elle tournait entre les mains de celui qui la portait, quand il passait sur un lieu où se trouvait une source. Le Brun en raconte les merveilles en homme qui croit marcher sur les terres du diable.

« Plusieurs personnes, dit-il, trouvent de l'eau par ce moyen. On fait la même chose à l'égard des métaux, des minéraux et des choses d'un usage singulier, comme le verre, le cristal, le talc, le jaspe, le marbre et autres choses semblables; on en est venu aux pierres qui servent de limites pour le partage des fonds. Cette baguette par son mouvement les indique. Si les bornes sont dans la même place où les avaient mises les possesseurs des fonds, la baguette ne tourne pas seulement sur les bornes, elle tourne aussi sur l'espace qui est entre les deux, et fait ainsi passer celui qui la tient par la ligne que l'on appelle de séparation. Que si la borne n'est plus dans sa première place, la baguette tourne seulement sur cette borne et ne tourne point lorsqu'on s'en éloigne; on parcourt alors le champ, jusqu'à ce que la baguette, par un tournoiement, indique l'endroit d'où on l'a malicieusement tirée.

« Avant la défense de M. le cardinal Le Camus, l'usage en était très-commun dans le Dauphiné. Beaucoup de gens de la campagne, hommes, garçons et filles, vivaient du petit revenu de leur baguette; et une infinité de différends touchant les limites se terminaient par cette voie; on avait volontiers recours à ces juges qui portaient en leur main la justice, et toutes les lois de leur tribunal. La sentence était promptement expédiée, et les frais en étaient modiques : cinq sols étaient le prix fixe de la découverte, aussi bien que de la vérification d'une limite.

« Pour découvrir les choses les plus cachées de près et de loin, on consultait la baguette, sur le passé, le présent et l'avenir. Elle baissait pour répondre oui, et elle s'élevait pour la négative. Il était indifférent d'exprimer sa demande de vive voix ou mentalement.

« Le révérend père Ménétrier, jésuite, écrit que depuis les expériences célèbres qu'on a fait faire à Aymar, on a vu des essaims de chercheurs de sources par le moyen de la baguette, suivre comme lui les pistes des voleurs, découvrir l'or ou l'argent caché…. A combien d'effets, poursuit-il, s'étend aujourd'hui ce talent? Il n'a point de limites. On s'en sert pour juger de la bonté des étoffes et de la différence de leur prix, pour démêler les innocents d'avec les coupables d'un tel crime. Tous les jours cette vertu fait de nouvelles découvertes inconnues jusqu'à présent. »

Ce sont là des pratiques et des assertions, mais voici un fait attesté par l'historien des *Superstitions*. « Un président du parlement de Grenoble, aussi respectable par sa probité, par son esprit et son érudition, que par ses charges et par ses qualités, voulut bien permettre qu'on lui tînt les mains, lorsque étant à Grenelle et entendant parler des expériences de la baguette, je ne pouvais croire le fait. Je lui tins la main droite avec les

deux mains, une autre personne lui tint la gauche, dans une allée de jardin sous laquelle il y
avait un tuyau de plomb qui conduisait de l'eau
dans un bassin. En un instant la baguette four-
chue qu'il avait entre les mains, la pointe tour-
née vers la terre, s'éleva et se tordit si fort, que
M. le président demanda quartier, parce qu'on
lui blessait les doigts. »

Cette merveille, déjà très-satisfaisante, n'est rien
auprès de la merveille qui suit. Nous la donnons
intégralement; elle en vaut la peine.

Histoire de la découverte du meurtre de Lyon, sur
la relation de M. l'intendant, de M. le procureur
du roi, de M. l'abbé de La Garde, de M. Panthot,
doyen des médecins de Lyon, et de M. Aubert,
avocat célèbre.

« Le 5ᵉ de juillet 1692, un vendeur de vin
et sa femme furent tués à coups de serpe dans
une cave, et leur argent fut volé dans une boutique qui leur servait de chambre. On ne put
ni soupçonner, ni découvrir les auteurs du crime,
et un voisin fit venir à Lyon un paysan du Dauphiné nommé Jacques Aymar, qui depuis quelques années est en réputation de suivre la piste
des voleurs, des meurtriers et des choses déro-
bées, guidé par une baguette de toute espèce de
bois, qui tourne entre ses mains, sur l'eau, sur

les métaux, sur les bornes des champs, et sur plusieurs autres choses cachées.

« Aymar arrive et promet à M. le procureur du roi d'aller sur les pas des coupables, pourvu qu'il commence par descendre dans la cave, où l'assassinat avait été fait. M. le lieutenant criminel et M. le procureur du roi l'y conduisent. On lui donne une baguette du premier bois qu'on trouve. Il parcourut la cave, et sa baguette ne fit aucun mouvement que sur le lieu où l'artisan avait été assassiné. Dans cet endroit, Aymar fût ému, son pouls s'éleva comme dans une grosse fièvre; la baguette qu'il tenait entre ses mains tourna rapidement; et toutes ces émotions redoublèrent sur l'endroit où l'on avait trouvé le cadavre de la femme. Après quoi guidé par la baguette, ou par un sentiment intérieur, il alla dans la boutique où le vol avait été fait; et de là suivant dans les rues la piste des assassins, il entra dans la cour de l'archevêché, sortit de la ville par le pont du Rhône et prit à main droite le long de ce fleuve. Trois personnes qui l'escortaient, furent témoins qu'il s'apercevait quelquefois de trois complices, quelquefois il n'en comptait que deux. Mais il fut éclairci de leur nombre en arrivant à la maison du jardinier, où il soutenait opiniâtrément qu'ils avaient entouré une table vers laquelle sa baguette tournait; et de trois bouteilles qu'il y avait dans la chambre, ils en avaient touché une sur laquelle sa baguette tournait aussi. On veut savoir du jardinier si lui ou quelqu'un de ses gens n'avait point parlé aux meurtriers; mais on n'en peut rien tirer. On fait venir les domestiques, la baguette ne les connaît point. Enfin deux enfants de neuf à dix ans paraissent, la baguette tourne; on les interroge, et on leur fait avouer qu'un dimanche au matin trois hommes qu'ils dépeignirent s'étaient glissés dans la maison et avaient bu le vin de la bouteille que l'homme à la baguette indiquait.

« Cette découverte fit croire qu'Aymar n'en imposait pas. Toutefois, avant que de l'envoyer plus loin, on crut qu'il était à propos de faire une expérience plus particulière de son secret. Comme on avait trouvé la serpe dont les meurtriers s'étaient servis, on prit plusieurs autres serpes de la même grandeur, et on les porta dans le jardin (de M. de Mongivrol) où elles furent enfouies en terre, sans que cet homme les vît. On le fit passer sur toutes les serpes, et la baguette tourna seulement sur celle dont on s'était servi pour le meurtre.

« M. l'intendant lui banda les yeux, après quoi on cacha ces mêmes serpes dans l'herbe, et on le mena au lieu où elles étaient. La baguette tourna toujours sur la même serpe, sans remuer sur les autres.

« Après cette expérience, on lui donna un commis

du greffe et des archers pour aller à la poursuite des assassins. L'on fut au bord du Rhône, à demi-lieue plus bas que le pont; et leurs traces imprimées dans le sable sur le rivage montrèrent visiblement qu'ils s'étaient embarqués. Ils furent exactement suivis par eau, et le paysan fit conduire son bateau dans des routes et sous une arche du pont de Vienne où l'on ne passe jamais; ce qui fit juger qu'ils n'avaient point de batelier, puisqu'ils s'écartaient du bon chemin sur la rivière.

« Durant ce voyage, le villageois faisait aborder à tous les ports où les scélérats avaient pris terre, allait droit à leur gîte et reconnaissait, au grand étonnement des hôtes et des spectateurs, les lits où ils avaient couché, les tables où ils avaient mangé, les pots et les verres qu'ils avaient touchés.

« On arrive au camp de Sablon, le paysan se sent ému, il est persuadé qu'il voit les meurtriers, et n'ose pourtant faire agir sa baguette pour s'en convaincre, car il craint que les soldats ne se jettent sur lui. Frappé de cette peur, il revient à Lyon.

« On le renvoie au camp dans un bateau avec des lettres de recommandation. Les criminels en sont partis avant son retour; il les poursuit jusqu'à Beaucaire, et dans la route il visite toujours leurs logis, marque sans cesse la table et les lits qu'ils ont occupés, les pots et les verres qu'ils ont maniés pour boire.

« Lorsqu'il fut à Beaucaire, il reconnut par sa baguette qu'ils s'étaient séparés en y entrant. Il s'attacha à la poursuite de celui dont les traces excitaient plus de mouvement à sa baguette. Il s'arrêta devant la porte d'une prison, et dit positivement qu'il y en avait un là dedans. On ouvrit, on lui présenta douze ou quinze prisonniers parmi lesquels un bossu qu'on y avait enfermé depuis une heure pour un petit larcin, fut celui que la baguette désigna pour un des complices.

« On chercha les autres, Aymar découvrit qu'ils avaient pris un sentier aboutissant au chemin de Nîmes, et le bossu fut conduit à Lyon.

« Au commencement il niait d'avoir eu la moindre connaissance ni de ce forfait, ni des coupables, et même d'avoir jamais été à Lyon. Cependant comme on le conduisait sur la route, où il avait passé en descendant à Beaucaire, et qu'il fut reconnu dans toutes les maisons où il s'était arrêté, il avoua qu'il avait bu et mangé avec les complices, généralement dans tous les lieux que la baguette avait indiqués, et ayant été interrogé à Lyon dans les formes, il déclara qu'il avait été présent à l'assassinat et au vol, et que les deux complices qu'il nomma avaient tué, l'un le mari, l'autre la femme.

« Deux jours après, Aymar avec la même escorte fut renvoyé au sentier dont on a parlé, pour y reprendre la piste des autres complices; et sa ba-

guette le ramena dans Beaucaire à la porte de la
même prison, où l'on avait trouvé le premier.

« Il assurait qu'il y en avait encore un là dedans,
et n'en fut détrompé que par le geôlier, qui lui dit
qu'un homme tel qu'on décrivait un de ces deux
scélérats, y était venu depuis peu demander des
nouvelles du bossu.

« On se remit ensuite sur leurs vestiges : on fut
jusqu'à Toulon dans une hôtellerie, où ils avaient
dîné le jour précédent : on les poursuivit sur la mer
où ils s'étaient embarqués : on reconnut qu'ils pre-
naient terre de temps en temps sur nos côtes, qu'ils
y avaient couché sous des oliviers ; et malgré les
tempêtes, la baguette les suivit inutilement sur les
ondes journée par journée, jusqu'aux dernières limites du royaume.

« Le procès du bossu s'instruisait cependant avec
une singulière exactitude ; et quand le paysan fut
de retour, ce criminel qui ne se donnait que dix-
neuf ans, fut condamné le **30** d'août à être rompu
vif sur les Terreaux. »

Nous savons tous quelle a été la réputation incontestée de la célèbre tireuse de cartes, Mlle Le-
normand.

De toutes ces histoires certifiées et incroyables,
que prétendons-nous conclure? Rien ni pour ni
contre le magnétisme animal ; mais ceci uniquement : toutes les fois qu'on veut faire admettre un

fait très-difficile à admettre, il faut apporter les
plus nombreuses et les plus fortes preuves; le su-
perflu n'est pas de trop. Nous ajoutons, à l'adresse
des magnétiseurs : puisqu'ils ont leurs faits merveilleux, ils doivent être prodigues de preuves
aussi claires que le jour. Par malheur, ils n'aiment
pas à opérer devant les curieux ou les incrédules
et les railleurs. Deleuze l'avoue et, déjà de son
temps, Mesmer récusait pour ses juges les médecins et les savants dont il craignait, disait-il, la
jalousie. On se rappelle quelles instructions Deleuze donne à ceux qui désirent éprouver la vérité
du magnétisme. Il leur dit : *Croyez*. La science
dit : *Doutez*. Il serait bon de s'entendre. Veux-je
magnétiser moi-même, et prétendez-vous que, si
je n'ai pas la foi, la volonté, je ne magnétiserai
pas, parce que le fluide sera rebelle? Soit, et passons là-dessus. Mais si c'est vous qui magnétisez,
simple témoin que je suis, devrai-je croire, avant
d'entrer dans la salle où vous magnétisez, parce
que; si je ne croyais pas, je paralyserais l'action
du magnétiseur et neutraliserais son fluide? Vraiment, cela est dur; et voilà un étrange procès et
des juges étranges. Quand on pense ainsi, il faut
pratiquer le magnétisme entre soi et ne pas viser
à convertir le monde; ou si on y songe encore,
prier Mesmer en commun pour qu'il illumine les
infidèles et fasse descendre sur eux la grâce ma-

gnétique. Les magnétiseurs ont bien senti l'impossibilité de cette condition et ils ont appelé plus d'une fois l'examen de l'Académie de médecine, sans exiger la foi. Nous ne prétendons donner tort à personne; mais il y a seulement ici un malheur. S'agit-il de constater qu'une somnambule lit les yeux bandés, le magnétiseur fait ses conditions : ce sera un bandeau de telle et telle étoffe, de telle et telle forme; sans cela le fluide n'opérerait plus. Mettons qu'il ait raison, l'Académie aura aussi raison de refuser l'examen. Car si les magnétiseurs ont le droit de fixer les conditions auxquelles l'épreuve se produira, les savants ont bien le droit aussi de fixer les conditions auxquelles l'épreuve sera décisive. La science française a une faiblesse : elle veut voir clair. Cet état de choses est fâcheux pour le magnétisme, au cas qu'il soit vrai, car sur ces phénomènes extraordinaires chacun ne croit que ce qu'il a vu, et encore ne le croit pas tous les jours : les témoignages isolés d'hommes sérieux et intelligents ébranlent les incrédules sans les convaincre. Le jugement favorable d'un corps savant, compétent pour un tel examen, et intéressé à ne pas compromettre son autorité, chaque membre d'ailleurs surveillant les autres, emporterait tout.

Questions sur les faits. En dehors de toute supercherie et de toute illusion produite par la pré-

vention morale ou par les coïncidences fortuites,
est-il invariablement prouvé : 1° qu'une somnambule lit dans la pensée de son magnétiseur?
2° qu'elle voit, les yeux fermés ou bandés, un
objet découvert? 3° qu'elle voit l'intérieur des
corps, lit une lettre fermée, devine ce qui est
dans une boîte, voit à nu l'état des organes intérieurs d'une autre personne? 4° qu'au toucher
d'une mèche de cheveux, par exemple, elle reconnaît à qui cette mèche appartient et décrit
exactement ce qui est de cette personne : le physique, le moral et la vie? 5° qu'elle voit ce qui se
passe dans des lieux éloignés, inconnus à celui
même qui l'interroge? 6° qu'elle prédit l'avenir,
où elle est désintéressée; par exemple, que telle
personne se cassera tel jour tel membre ou se
noiera, ou se brûlera? Et opère-t-elle cela non pas
une fois, ni deux fois, car il y a d'heureux ha-
sards et des habiletés merveilleuses, mais assez
souvent et dans des expériences assez variées pour
qu'il n'y ait pas de méprise possible?

VII.

Explication des faits. — L'existence du fluide magnétique est-elle démontrée?

Après la constatation des faits, l'explication. Sou-
venons-nous des paroles de Laplace : « Nous som-

mes si éloignés de connaître tous les agents de la
nature et leurs divers modes d'action, qu'il serait
peu philosophique de nier l'existence de phénomènes uniquement parce qu'ils sont inexplicables
dans l'état actuel de nos connaissances. Seulement,
nous devons les examiner avec une attention d'autant plus scrupuleuse qu'il paraît plus difficile de
les admettre : et c'est ici que l'analyse des proba-
bilités devient indispensable pour déterminer jusqu'à quel point il faut multiplier les observations
ou les expériences, afin d'obtenir en faveur des
agents qu'elles semblent indiquer une probabilité
supérieure aux raisons que l'on peut avoir d'en
rejeter l'existence. » Nous demandons qu'on applique au magnétisme ces règles qu'il rappelle si
volontiers.

L'agent universel auquel il recourt pour tout expliquer est le fluide magnétique. Or, si on tient à
en faire reconnaître l'existence, il serait besoin de
la prouver : les assertions ne suffisent vraiment
pas. Les mouvements que Deleuze lui prête autour du tombeau de Pâris paraîtront aisément
gratuits et bizarres. Cela rappelle l'ingénuité de
Deslon, quand les commissaires académiques lui
demandent pourquoi dans la salle des crises on
joue de l'harmonica. « Le son, répondit-il, porte
le fluide. » Mais Deleuze assure qu'il se montre,
que les somnambules le voient : ils le voient envi-

ronner leur magnétiseur, la tête surtout, et s'é-
couler par les extrémités des mains. Par malheur,
tandis que des somnambules, dans les temps de foi
au fluide, voient un fluide, dans d'autres temps,
de foi aux esprits, ils sentent en eux des esprits;
et toujours ils portent dans leur sommeil les préoccupations dominantes de la veille. Même il n'est
pas besoin d'être endormi pour avoir de pareilles
impressions. La sincère Mme Guyon, tout éveillée,
sentait la grâce divine descendre dans son corps
et l'enfler, au point de le rompre, si on ne l'eût
délacée; et autour d'elle des femmes éveillées,
femmes du plus grand monde, recevaient en silence
les effluves du fluide céleste. Joignons à cela une
illusion naturelle que nous fait la sensibilité : Cabanis remarque qu'elle se comporte à la façon d'un
fluide, qui se jette tantôt d'un côté, tantôt d'un
autre. Enfin, la contagion des accidents nerveux
dont nous parlerons plus tard, semble une vraie
transmission d'un fluide. Il serait donc prudent
d'ajourner le fluide magnétique jusqu'à ce qu'il fît
ses preuves. Le fluide magnétique est très-complai-
sant et très-discret : les magnétiseurs disent de lui
ce qu'ils veulent; il n'a jamais donné de démenti à
personne. Par malheur, si les incrédules disent de
lui qu'il n'existe pas, il ne les dément pas davantage.

Il y a ici une curieuse observation à noter.

Comme les faits de maladies et de guérisons merveilleuses sont anciens, comme aussi on leur a toujours cherché une cause, on leur a constamment attribué la cause qui, au moment même, était en faveur. Quand on croyait généralement à l'influence des planètes, c'était l'influence des planètes ; quand on fit attention à la propriété singulière de l'aimant, on ne vit plus qu'aimant, et on pensa bien qu'avec deux boussoles aimantées, munies chacune de leur alphabet, on s'entendrait aisément à quelques centaines de lieues ; quand sous l'empire des préoccupations religieuses, on voyait partout une puissance céleste ou infernale, la cause de ces accidents bizarres fut une puissance céleste ou infernale. Enfin, notre temps, qui a vu naître l'électricité, cherchant à tout des causes physiques, les a formées volontiers sur ce modèle. Nous nous montrons autrement rigoureux que les historiens croyants des possédés de Loudun : à la place des exorcistes nous avons mis un magnétiseur, et à la place du diable un fluide. Vienne une autre découverte qui détrône la découverte de l'électricité, on peut penser que l'éternel agent des merveilles se transformera une fois encore. Les générations se suivent et se ressemblent : elles ont la même folie, chacune l'habille à sa mode.

Hâtons-nous de le dire : que le fluide magnétique existe ou non, il ne touche point les faits qu'on a voulu expliquer par là. Il reste à voir s'ils ne s'expliquent pas par quelque cause connue et toute naturelle.

VIII.

Puissance des causes naturelles : tempérament, exercice, maladies, agents physiques, sommeil, état moral, imagination.

Le fluide magnétique mis de côté, il resterait encore les vertus propres et extraordinaires du sommeil somnambulique, et il resterait à chercher si ce sont des effets de vertus qui n'appartiennent qu'à lui.

Avant d'attribuer des faits à une cause nouvelle, il faut, ce semble, bien constater l'énergie des causes déjà découvertes, et avant de déclarer qu'elles ne peuvent faire une chose, connaître tout ce qu'elles peuvent faire en ce genre. Or, quand on examine les effets du magnétisme animal sur l'esprit et sur le corps, d'ordinaire on considère d'un côté la merveille physique ou morale, de l'autre côté l'habitude de tous les jours, et, comme il y a d'ici là une énorme distance, on conclut que, pour la franchir, il a fallu une vertu merveilleuse aussi. Nous nous proposons de combler une partie au moins de l'intervalle, à l'aide de faits analogues. Nous apprendrons des observateurs ce que font de surprenant les causes naturelles connues. Après cela, s'il reste du prodige, il faudra, nous le disons en toute conscience, il faudra bien s'y résigner. En attendant, n'imitons pas les paysans de Gonesse, qui, voyant en l'air le premier ballon lancé de Paris, le prirent pour un monstre et voulurent le lapider. N'imitons pas non plus ces Indiens qui, voyant les Européens communiquer par lettres, s'imaginaient que ces carrés de papier étaient ensorcelés. Ne faisons pas comme, il y a des siècles, George Agricola et d'autres métallurgistes décrivant et figurant gravement dans leurs ouvrages les démons, les gnomes, qu'on trouvait en creusant les entrailles de la terre, et qui s'échappaient de quelques soupiraux de l'enfer pour étouffer les mineurs de vapeurs empestées, ou éteindre leurs lampes, ou causer des explosions épouvantables.

IX.

États extrãordinaires du corps : 1° insensibilité, force extraordinaire, résistance à la destruction ; 2° maladies, guérisons arbitraires; 3° communication des symptômes des maladies; 4° subtilité des sens.

1° INSENSIBILITÉ; FORCE EXTRAORDINAIRE; RÉSISTANCE A LA DESTRUCTION. Tout le monde sait qu'il y a des individus qui enfoncent des épingles dans leurs mollets sans douleur. Nul doute que chez ceux qui souffrent ces piqûres, l'habitude ne diminue beau-

coup la souffrance.—Certaines affections nerveuses,
la catalepsie, par exemple, détruisent momentané-
ment la sensibilité. Quelquefois elles la pervertis-
sent au point que ce qui excite communément les
douleurs les plus vives, ne produit plus que des
sensations agréables ou voluptueuses. Plusieurs personnes rapportent avoir éprouvé de grands plaisirs
dans la syncope ou dans l'asphyxie. Locke parle
d'un cavalier irlandais qui ne put jamais voir sans
frémir celui qui l'avait arraché aux délices qu'il
éprouvait, en le retirant de l'eau où il se noyait.
— On sait que l'éthérisation nous rend insensibles
aux plus cruelles opérations. — Dans certains accès d'affections nerveuses, on voit de jeunes filles
devenir capables d'escalader des murs, de grimper
sur des arbres élevés, sur les toits, et de faire mille
choses qui paraissent nécessiter une grande force
musculaire. Bertrand a vu des filles dans cet état
demander, à titre de secours, qu'on pressât fortement diverses régions de leur corps. — Le sommeil
est chez certaines personnes si lourd qu'il est besoin de les maltraiter rudement pour les éveiller;
on en a vu supporter ainsi des coups violents et
même de fortes brûlures. — La distraction va jusqu'à supprimer la souffrance : des soldats dans
l'action sont quelquefois cruellement blessés sans
s'en apercevoir. Zimmermann raconte que le mathématicien Viete, absorbé dans ses calculs, resta

trois jours sans boire ni manger, ni dormir. Les aliénés dont l'esprit est possédé d'autres idées, supportent des jeûnes qu'ils ne pourraient supporter dans l'état de santé. On en a vu rester sans prendre de nourriture un mois entier.

Quelquefois la volonté opère une insensibilité artificielle. Saint Augustin nous a conservé (*Cité de Dieu*) une histoire où se marque une singulière action de la volonté sur le corps. « Il y eut un prêtre de l'église de Calame, nommé Restitutus, qui, lorsqu'il le voulait; à la demande des curieux d'une telle merveille, pourvu qu'on imitât des gémissements, se séparait de ses sens. Il était étendu tout semblable à un mort. On le pinçait, on le piquait, on le brûlait même, il ne sentait rien, sauf, à son réveil, la douleur de la blessure. Et ce n'était pas qu'il se roidît contre le mal ; il ne sentait réellement rien de ce qui se passait dans son corps ; on le voyait à ce que sa respiration était nulle, comme chez un mort. Pourtant, si on parlait un peu fort, il entendait, disait-il, les voix comme dans le lointain. »

Cardan s'attribue à lui-même une semblable vertu. « Aussi souvent que je veux, je tombe insensible comme en extase. Pendant que j'y tombe, je sens au cœur comme si mon âme partait, et dans tout le corps, comme si elle s'ouvrait passage. Elle commence par la tête, surtout par le cerveau, suit toute l'épine dorsale, et n'est contenue qu'à grand'peine. Je sens seulement que je suis hors de moi, et à force d'efforts je me remets peu à peu. »

Que ne peut le moral en ce genre? La force morale et l'imagination aident sans doute à souffrir la douleur, mais vraiment, elles la suppriment quelquefois en tout ou en partie. Avec du courage et une imagination portée ailleurs, on souffre mieux et on souffre moins : on cite un brigand italien, qui, appliqué à la question, pour lui faire avouer ses crimes, résista aux tourments les plus violents, en répétant : *Ti vedo*. Échappé au gibet par cette constance, on lui demanda l'explication de ces mots : *Je te vois*. C'était la potence, dit-il; en la voyant, j'avais le courage de nier. On connaît le trait de cet amiral, qui, les quatre membres emportés par les boulets, se fit placer sur un tonneau de son, et commanda encore de la voix. Donnez à une créature faible, à une femme, une forte passion (par exemple, la volonté de sauver son enfant mourant), et vous verrez quels prodiges d'énergie physique elle rendra, à déconcerter, à vaincre les hommes les plus robustes. Et les fanatiques de l'Inde : « J'ai vu en plusieurs endroits, dit Bernier, des fakirs qui tenaient un bras et quelquefois tous les deux élevés et tendus perpétuellement en haut par-dessus leurs têtes. Les nerfs s'étaient retirés et les jointures séchées. D'autres, par un vœu particulier, se tenaient sept ou huit jours debout sur leurs jambes, qui devenaient enflées et grosses comme leurs cuisses, sans s'asseoir et sans se coucher, ni sans se reposer autrement qu'en sé penchant et s'appuyant quelques heures de la nuit sur une corde tendue devant eux ; d'autres qui se tenaient des heures entières sur leurs mains, sans branler, la tête en bas et les pieds en haut, et ainsi de je ne sais combien d'autres postures. » On sait qu'ils s'enfoncent des clous dans les chairs, se chargent de chaînes, de poids énormes, se brûlent diverses parties du corps. Tout le monde connaît l'ancienne légende de cet anachorète du vᵉ siècle, Siméon Stylite, qui vécut vingt-six ans sur une colonne.

Comme le corps devient insensible par des causes naturelles, par des causes naturelles aussi il est capable de résister à des causes physiques de désorganisation. Duhamel et Dutillet ont vu des filles de campagne rester dix minutes dans un four chauffé à cent quarante degrés centigrades ; des physiciens ont éprouvé qu'ils pouvaient supporter assez longtemps le séjour dans une chambre à la température de cent vingt-quatre degrés. Cabanis reconnaît que des fanatiques ont reçu quelquefois impunément de très-fortes blessures, qui, dans leur état naturel, eussent été mortelles ou très-dangereuses ; et Montègre assure avoir eu connais-

sance d'un jeune homme qui, dans un accès de
délire frénétique, s'élança par la fenêtre d'un quatrième étage, tomba sur le pavé, et ne se fit qu'une
blessure peu considérable à la jambe.

2° MALADIES, GUÉRISONS ARBITRAIRES. Qui n'a
éprouvé mille fois par lui-même les effets de la
contention de l'esprit, des passions ou de l'imagination sur le corps? Sous le coup de ces causes
morales, on voit tour à tour le corps s'abattre et
se relever, mourir et vivre. Nous recueillons dans
un observateur sérieux, Tissot (*Traité des nerfs*),
une suite de faits vus ou admis par lui, et qui montrent à nu cette prodigieuse influence.

Contention d'esprit. Pechlin parle d'une femme
à qui quelques heures d'une lecture attentive
donnaient des convulsions, et d'une autre per=
sonne qui éprouvait aussi des convulsions en pen=
sant à une chose désagréable. Galien a conservé
l'histoire d'un grammairien qui avait un accès
d'épilepsie toutes les fois qu'il méditait profondément ou qu'il enseignait avec chaleur. Mead cite le
fait d'une fille de vingt ans, qu'une succession de
différentes maladies de langueur avait jetée dans
une hydropisie, accompagnée du marasme le plus
décidé ; tous les remèdes étaient inutiles, et elle
était déclarée absolument incurable, quand tout
à coup elle devint folle; alors son corps reprit des
forces, son ventre diminua, elle put soutenir les

remèdes, ils opérèrent favorablement ; et au bout de quelques mois, elle recouvra sa santé et sa raison. M. Baker rapporte un autre fait qui ne prouve pas moins l'influence de l'âme sur le corps ; un homme du plus beau génie, et célèbre par ses talents pour l'éloquence et la poésie, affecté de ne point jouir d'une faveur telle qu'il croyait la mériter, irrité contre ses ennemis, contre ses amis et contre lui-même, tomba d'abord dans le marasme le plus complet, ensuite dans une folie entière ; dès qu'il fut fou, la nutrition recommença à se faire, il reprit sa santé et redevint gras. C'est ici qu'il faut placer l'histoire du rhéteur Gallus Vibius, qui, tendant toutes les forces de son âme pour comprendre les causes de la folie, devint fou lui-même. N'est-ce pas à un acte trop fort de l'âme, sans aucun mélange de frayeur, que l'on doit rapporter l'exemple récent de cette jeune fille, qui, familiarisée par son père avec l'idée du suicide, et trouvant sous sa main un pistolet qu'elle crut chargé, mais qui ne l'était point, l'appuie avec transport sur son front, tire en s'écriant : Je suis morte ! heureusement je suis morte ! Cette image de la mort trop profondément imprimée pour s'effacer, la jeta dans le délire, et elle mourut frénétique le lendemain.

L'attente d'un grand événement peut suspendre la mort. Pechlin vit, dans l'invasion des Français en Hollande, en 1672, une femme très-âgée et très-malade, qui, maltraitée, chassée et totalement dépouillée par les soldats, fut menée toute nue par ses fils, sur un traîneau, à quelques lieues de là; le délire, la gangrène, l'extrême faiblesse, un pouls à peine sensible et que l'on n'apercevait que par ses irrégularités, annonçaient une mort très-prochaine; elle ne parle que de temps en temps, mais c'est avec chaleur pour demander des nouvelles de sa fille, elle fait connaître, par des mots entrecoupés, par des gestes, qu'elle ne peut pas mourir sans l'avoir vue; on voit que son existence ne tient plus qu'à sa tendre inquiétude sur le sort de cette fille chérie, qui ne paraît que le huitième jour; et il y avait alors près de trois jours que la mère était froide, sans pouls et ne donnait plus de marque de sentiment; sa fille parle, elle l'entend, revient à elle, l'embrasse avec joie et meurt en l'embrassant.

Imagination. Spinello, après avoir peint le diable, fut si effrayé lui-même des traits terribles qu'il lui avait donnés, que tout le reste de sa vie il crut le voir à ses côtés, lui reprocher de l'avoir fait si laid; et pour prendre des exemples plus simples, c'est ainsi que l'idée d'un plat désiré fait venir l'eau à la bouche, que celle d'un plat dégoûtant fait vomir tout comme si on le voyait, et qu'un morceau de cire présenté comme une araignée à une personne qui les craignait, lui occasionna, dit M. Zimmermann, des spasmes et un tétanos. C'est par le même principe que le malade qui, dans une fièvre ardente, croyait voir un étang à côté de son lit, et désirait passionnément de s'y baigner, se trouva presque guéri, après s'être roulé sur le pavé de la chambre; le froid du marbre lui fit sans doute du bien, mais l'imagination en augmenta vraisemblablement l'effet.

C'est encore ce même principe qui a pu être cause que des morts sont arrivées dans le moment prédit; l'âme effrayée a produit l'affaiblissement qui est l'effet naturel de la crainte; à mesure que le temps marqué approchait, l'affaiblissement et le dérangement augmentaient dans la plus grande proportion; le sentiment de cet affaiblissement, ajoutant à la certitude de la prédiction, l'augmentait encore, et les derniers jours ont nécessairement dû être mortels.

J'ai vu encore, en 1762, dit Tissot, un homme fermement persuadé qu'il passait souvent la nuit en Espagne dans un endroit qu'il me peignait avec beaucoup de suite et de détail.

Joie. Pechlin vit un homme âgé et attaqué d'une forte jaunisse, avec une fièvre lente, rebelle à tous les remèdes, que le plaisir de la naissance d'un fils guérit très-promptement. Le plaisir que fit à M. Peiresc une lettre du président de Thou, le

21   *j*

guérit d'une paralysie dont il était attaqué depuis quelque temps, et qui affectait surtout la langue, dont il recouvra si bien l'usage dans le moment même, qu'il put chanter un hymne plaisant que M. de Thou avait renfermé dans sa lettre. Boerhaave rapporte l'histoire d'une fille dont la famille était dans la misère, et qui, appelée aux Indes par un frère qui s'y était enrichi, mourut de joie en voyant les superbes effets qu'il lui destinait. L'héritière de Leibnitz mourut de joie en ouvrant un vieux coffre qui se trouva plein d'argent. Ajoutons tout de suite le fait rappelé par Georget : Daubenton fut frappé d'une attaque d'apoplexie à laquelle il ne survécut pas, lorsqu'il sut qu'il était appelé à l'honneur de présider le sénat.

Amour. L'objet d'une passion favorite peut réveiller le sentiment éteint pour tout autre objet. Le cataleptique de Tulp revint à lui, quand on lui dit qu'il épouserait sa maîtresse. M. de Lagni, qui ne parlait plus et qui paraissait ne plus entendre, nomma encore le carré de douze quand on le lui demanda. Un de mes collègues, continue Tissot, ne pouvant tirer aucune marque de sentiment d'une femme fort avare qui était tombée en léthargie, s'avisa de lui mettre dans la main quelques écus neufs, et elle commença à reprendre connaissance en les serrant; et M. Morand a vu un joueur qui ne sortit de la plus complète insensibilité, que quand on lui cria à haute voix : Quinte, quatorze et le point.

Colère. On ferait plusieurs gros volumes en recueillant toutes les observations de maladies produites par la colère.

Tristesse. Staahl vit une mère qui, ayant appris par une lettre la mort de son fils, tomba d'abord dans une défaillance, qui, dégénérant en apoplexie, la tua rapidement ; et l'histoire nous a conservé un bel exemple des funestes effets de l'amour filial attristé Louis de Bourbon, dont le père, le comte de Montpensier, était enterré à Pouzzoles, ayant, quelques années après, fait ouvrir sa tombe, pour se donner la triste satisfaction de le voir, ce spectacle fit sur lui une impression si vive et si forte, qu'il expira sur-le-champ. Un ami de M. Gaubius, ayant appris à Leyde que son frère venait de mourir à la Haye, monte sur-le-champ en voiture pour s'y rendre ; il arrive, l'envisage ; le chagrin le saisit ; il s'affaiblit, s'assied, tombe mort, et on les enterra ensemble. Valentine de Milan mourut de douleur de ce que l'on ne vengeait pas la mort de son mari le duc d'Orléans ; Marguerite d'Écosse, dauphine, de ce qu'on avait soupçonné sa vertu, et Fernel, du regret d'avoir perdu sa femme. Tissot a vu une mère tendre que la mort d'une fille chérie jeta dans une fièvre lente, qui la conduisit à une étisie, dont rien n'a pu ralentir la marche.

Remords. Il a vu le remords tuer un homme très-fort dans cinq semaines.

Frayeur. Zimmermann nous a donné l'histoire d'un paysan des plus robustes, âgé de trente-six à quarante ans, qui, ayant été emprisonné pour cause de vol, eut tellement peur de la potence, qu'il perdit toutes ses forces, au point de ressembler à un homme mort. Il resta dans cet état pendant vingt-quatre heures; alors il commença à avaler quelque remède; au bout de trente heures, il ouvrit les yeux; six heures après, il articula quelques sons; au bout de six heures, il fut entièrement remis.

La frayeur peut tuer sur-le-champ; on a vu un criminel mourir en entendant prononcer son arrêt de mort; et Herring rapporte qu'un homme à qui l'on avait annoncé la mort pour un jour fixé, s'effrayant tous les jours davantage, mourut enfin au jour fatal. On sait que Charles-Quint, effrayé par la cérémonie de son enterrement, qu'il avait voulu exécuter, prit mal en la terminant, et mourut au bout de peu de jours. M. Petit vit un homme blessé à la main qui mourut subitement en voyant ses tendons à nu; et M. Haller a vu plus d'une fois les chiens destinés à ses expériences mourir de frayeur dès qu'ils étaient liés, avant même qu'on eût approché le scalpel. N'est-ce pas encore à la peur du péril passé qu'il faut rapporter la mort d'un malade du docteur Hollings, à qui l'on cacha qu'il avait la petite vérole, qu'il craignait beaucoup, et qui mourut sur-le-champ quand on lui annonça qu'il en était guéri? Pétronc cite l'exemple d'un domestique qui, ayant traversé à cheval le Pô gelé, sans savoir qu'il le traversait, mourut en l'apprenant au lieu de sa destination.

Il importe peu que l'objet de la peur soit chimérique : témoin ce jeune homme d'Hoffmann. En traversant une place le soir, il crut y voir un spectre et rentra chez lui presque mort, avec un abattement, un dégoût, une faiblesse, qui durèrent quinze jours; une autre fois, il crut que le spectre le saisissait par le pied, qui devint rouge, s'enflamma et suppura. Bientôt il fut attaqué de convulsions atroces avec le délire, perte de la parole, quelquefois fureur, et tous les accidents des maladies convulsives. Il prévoyait toujours l'accès par un froid qui montait des extrémités inférieures, comme cela arrive dans la plupart des maladies de cette espèce.

On vit à Berlin, en 1720, un jeune homme dans un état désespéré, et dont la mort était attendue d'un moment à l'autre, à qui l'explosion d'un magasin à poudre redonna la connaissance; il reprit sur-le-champ des forces, se leva et fut guéri au bout de quelques jours. Il est très-ordinaire de chercher à guérir le hoquet par la peur, et quel-

quelefois cela réussit. Tout le monde sait par expérience que l'approche du dentiste et la vue des
instruments guérissent, pour quelques moments
du moins, le mal de dents. Ajoutons ce fait étrange
cité par Georget : Deux frères sont mordus en
même temps; leur blessure guérit, et ils se sépa-
rent; au bout de dix ans, l'un apprend que l'autre
est mort enragé, et peu de temps après il meurt
de même.

Revenons sur les effets physiques de l'imagination, pour confirmer les assertions de Tissot : elle
vaut bien qu'on s'y arrête. D'abord, on ne saurait
nier que l'attention donnée à des faits qui se passent en nous ne les fasse se prononcer davantage,
et même que la préoccupation extrême ne les crée.
Pensez fortement à une légère douleur qui se
produit dans quelque partie de votre corps, elle
grandit sous votre regard, et devient presque into-
lérable. Une faible démangeaison, par exemple,
si vous imaginez qu'elle est produite par quelque
insecte, finira par devenir une démangeaison universelle. Soyez bien persuadé que vous êtes em-
poisonné, et pariez à coup sûr pour la colique. Les
malades absorbés par la pensée de leur maladie,
attentifs aux moindres phénomènes qui ont lieu
dans leur corps, à mille mouvements d'ordinaire
inaperçus, réussissent ainsi à exagérer de petits
maux et à se créer des douleurs réelles. La préoc-

cupation de digérer empêche de digérer. Une crise attendue a de grandes chances d'arriver; et si on se distrait, si on l'oublie, de grandes chances de ne pas survenir. Et c'est une observation sans cesse répétée que la lecture des livres de médecine fait beaucoup de malades; qu'après avoir lu la description minutieuse des symptômes des maladies, et notre imagination frappée, nous les retrouvons en nous, pensant ainsi tour à tour avoir toutes les maladies qu'on nous a retracées. Voici quelques faits à part, puisés chez les médecins.

Une femme pense tout à coup à un homme paralytique, elle sent son bras s'engourdir, puis tout un côté du corps; bientôt, la frayeur redoublant, elle tombe dans une paralysie universelle, et reste enfin paralysée de la moitié du corps. Des plaisants, apostés dans les rues où passait un individu sur lequel on voulut faire une expérience, l'abordent successivement comme par hasard, le regardent d'un air d'inquiétude, lui demandent des nouvelles de sa santé, disant qu'il paraît pâle, défait, malade. Il entre en crainte. Retourné chez lui, il se regarde au miroir, croit se voir le teint blême (il l'avait en effet de frayeur), se met au lit avec un commencement de fièvre nerveuse, et, si l'on n'était pas venu le dissuader, cette mauvaise plaisanterie pouvait avoir des suites très-dangereuses, puisque, ajoute Virey, la crainte de la mort a fait mourir des personnes. Le célèbre théologien Hemming ayant cité dans ses leçons deux vers barbares, comme propres à guérir la fièvre, un de ses auditeurs en fit l'essai sur un domestique et le guérit; Hemming ayant dit ensuite qu'il n'avait supposé à ces vers de la vertu que par plaisanterie, leur charme fut détruit en même temps que la confiance.

Les médecins connaissent tous les propriétés merveilleuses des pilules de mie de pain administrées sous un nom savant, et comment, en maintes rencontres, elles produisent justement les effets que l'ordonnance leur attribue. Il y a mieux que cela. Helwig rapporte qu'un médecin ayant donné à un paysan une ordonnance par écrit, pour le purger, en disant *prenez cela*, le bonhomme, revenu à sa maison, se met au lit, avale le papier, est purgé, et retourne dire au médecin qu'il a été guéri par sa purgation.

Nous le savons tous par expérience personnelle, la venue seule du médecin, quand nous avons en lui grande confiance, calme nos maux; par autorité les médecins font faire ce que les remèdes n'eussent jamais fait, et les plus habiles sont ceux qui à la fois traitent la maladie et le malade : ils peuvent faire des merveilles; s'ils n'en font pas plus souvent, c'est qu'ils ne le veulent pas.

Pourvu que la confiance y fût, tous les remèdes

imaginables ont dans tous les temps guéri. Dans Homère, Ulysse blessé est guéri par des paroles. Caton le Censeur guérissait les luxations des jambes par des paroles secrètes. Selon un médecin latin, la sciatique et les maux de reins, se traitent le plus souvent par la musique ou le chant. Selon un médecin grec, les morsures de serpents se guérissent par des chansons. Apollonius de Thyane chassait les démons soit par des attouchements, soit par des paroles. On a conservé les termes mystérieux par lesquels les Grecs chassaient les maux. Contre les fièvres tierces, outre Abracadabra, Sator, Arebo, Tenet, Obera, Rotas, Khiriori, Gibel, etc.; si on est mordu d'un chien enragé, il faut des mots plus infernaux, comme Pax, Max, Adimax. Si on a quelque bras cassé ou le pied démis, Araries, Dardaries, Donatas, Matas, et le reste. Aussi on lit dans le *Trésor des alchimistes :* « Ce n'est point dans les écoles et les académies que le médecin doit apprendre et connaître tout ce qu'il peut et doit savoir; qu'il aille trouver les vieilles sorcières, les bohémiennes, les nécromans, les charlatans, les vieux paysans, et qu'il apprenne d'eux seuls. Tous lui montreront mieux comment on enlève les maux, par les enchantements, que nos savants d'académie. Moi qui vous parle, j'ai reçu des lettres de Galien, datées des Enfers, et j'ai disputé sur la quintessence avec Avicenne, dans l'anti-

chambre de Pluton. » C'est une très-ancienne propriété chez les rois de guérir certaines maladies.
Salomon composait des vers pour les charmer;
Pyrrhus, au rapport de Plutarque et de Pline,
guérissait les affections de rate, en pressant douce-
ment le flanc gauche de son pied droit. On nous a
conservé des histoires d'aveugles et d'hydropiques,
guéris par Adrien et Vespasien. Les empereurs
d'Autriche, de la maison de Hapsbourg, guérissaient les écrouelles en donnant à boire aux malades, de leur propre main, un verre de vin;
Édouard III d'Angleterre, et nos rois de France,
autrefois, comme chacun sait, les guérissaient en
les touchant de la main. Selon Paracelse, Maxwell,
Santanelli, on peut agir à de grandes distances en
l'absence des personnes : par exemple, au moyen
des cheveux, du sang d'une blessure, parce que les
émanations de ces substances retournent vers le
corps d'où elles viennent; et si l'on fait quelques
opérations sur ces matières, elles peuvent se transmettre au corps. Digby mettait sa poudre de sympathie (qui était du sulfate de fer en poudre) sur
la chemise ensanglantée d'un homme blessé, et celui-ci, fût-il à cent cinquante lieues, devait aussitôt
voir ses plaies se fermer par cet astringent. Il est
vrai qu'il était nécessaire d'avoir une foi robuste.

M. Gerbi, professeur à Pise, décrivait, en 1794,
sous le nom de *Curculio odontalgicus*, un insecte

auquel on attribue une propriété bien singulière. On prétend que si l'on broie une douzaine de ces insectes entre le pouce et l'index jusqu'à ce qu'ils aient perdu leur humidité, ce doigt conserve pendant un an la faculté de guérir la douleur des dents provenant de carie. Il suffit pour cela d'en toucher le creux de la dent gâtée. Sur six cent vingt-neuf personnes, quatre cent une ont réussi. Plusieurs savants ont reconnu la même propriété à d'autres insectes coléoptères. L'un d'eux pense que le mieux est de toucher la dent immédiatement après avoir touché l'insecte.

Il y a de singulières communications de maladies par imagination. Pausanias raconte que les filles de Pretus se crurent changées en vaches. Plutarque rapporte qu'à un instant toutes les filles de Milet se pendaient. Les magistrats arrêtèrent ces suicides en ordonnant que toutes les filles qui se seraient pendues fussent exposées en public, nues et la corde au cou. Un médecin du Valais a observé, vers 1813, une semblable épidémie dans le département du Simplon. Cette fois ce fut le curé du lieu qui, par ses exhortations, l'arrêta. Deux médecins rappellent qu'à Lyon, pendant un temps, les filles avaient la manie de se noyer.

A cause de cette contagion, qui, à la vue d'un épileptique, frappait d'autres hommes d'épilepsie, cette maladie avait à Rome un nom caractéristique, elle s'appelait maladie des comices (*morbus comitiorum.*

Lès épidémies de sorciers et de possédés ont été aussi communes. Au commencement du xvii⁰ siècle, dans le pays de Labourd, compris actuellement dans le département des Basses-Pyrénées, un grand nombre de malheureux furent brûlés comme sorciers. Pierre de Lancre, conseiller au parlement de Bordeaux, après les avoir condamnés, en a écrit l'histoire. Un grand nombre d'entre eux se croyaient *loups-garous;* ils racontaient que dans cet état ils avaient mangé des enfants et des jeunes filles, n'omettant aucune circonstance, et fournissant avec une exactitude déplorable tous les prétextes de se faire brûler vifs. Une multitude déclarent devant leurs juges mêmes qu'ils sont allés à travers les airs au sabbat, montés sur un bouc ou quelque autre monture diabolique.

Parmi plusieurs épidémies de possession, une des plus célèbres, dite des *nonnains,* se répandit au xv⁰ siècle sur tous les couvents de femmes d'Allemagne, en particulier dans les États de Saxe et de Brandebourg, et gagna jusqu'en Hollande. Au dire de Simon Goulard, « elles prédisaient, cabriolaient, grimpaient contre les murailles, parlaient des langues étrangères, bêlaient comme des brebis, et quelquefois se mordaient les unes les autres comme des enragées. »

Le médecin Hecquet, qui a prétendu ramener à des causes naturelles les merveilles des convulsions, raconte plusieurs faits curieux de ce genre. A la Nouvelle-France, une fille entra à l'Hôtel-Dieu pour un hoquet continuel et violent dans lequel elle imitait assez bien le jappement d'un chien. Il y avait dans la salle où on la plaça quatre autres jeunes filles atteintes de diverses maladies; trois jours après elles jappèrent avec convulsions et léthargie finale. La première était guérie le cinquième jour. Cela dura ainsi une semaine. Alors on prit le parti de placer chaque malade dans une chambre à part, où elles ne pussent se voir ni s'entendre; après quoi on les menaça de la discipline si elles continuaient; le remède opéra.

Dans un autre endroit, c'était une communauté très-nombreuse de filles qui, tous les jours à la même heure, étaient toutes saisies de la même maladie. On entendait un miaulement général par toute la maison qui durait plusieurs heures, au grand scandale du voisinage. On leur signifia, par ordre des magistrats, qu'il y aurait à la porte du couvent une compagnie de soldats, qui, au premier miaulement, entrerait dans le couvent et fouetterait celle qui aurait miaulé. Et le bruit cessa.

Tout le monde connaît le trait de Boerhaave dans l'hôpital de Harlem. Des femmes tombaient en convulsion à l'imitation les unes des autres. Il fit rougir un fer au feu, et menaça de brûler le bras à la première à qui cela arriverait. Aucune ne tomba.

Le docteur Pezzi, dans un ouvrage publié en italien, rapporte que son neveu, à la suite de la lecture répétée de l'histoire du somnambulisme de Castelli, fut lui-même atteint de cette affection, et qu'il présenta des phénomènes absolument semblables à ceux qui sont rapportés dans cette histoire. Ce qu'il y a de plus remarquable, c'est que le docteur ayant chargé un jeune domestique d'accompagner son neveu pendant les accès et de veiller sur lui, ce domestique fut bientôt lui-même atteint de somnambulisme, et donna ainsi une nouvelle preuve de l'influence de l'imitation sur la production de cet état.

Bailly a conservé ce fait : « Le jour de la cérémonie de la première communion, faite à la paroisse de Saint-Roch, il y a quelques années (1780), après l'office du soir, on fit, ainsi qu'il est d'usage, la procession en dehors. A peine les enfants furent-ils rentrés à l'église et rendus à leur place, qu'une jeune fille se trouva mal et eut des convulsions. Cette affection se propagea avec une telle rapidité, que, dans l'espace d'une demi-heure, cinquante ou soixante jeunes filles, de douze à dix-neuf ans, tombèrent dans les mêmes convulsions, c'est-à-dire serrement à la gorge, gonflement à l'estomac, l'étouffement, le hoquet et les convulsions plus ou moins fortes. Les accidents reparurent à quelques-unes dans le courant de la semaine; mais le dimanche suivant, étant assemblées chez les dames de Sainte-Anne, dont l'institution est d'enseigner les jeunes filles, douze retombèrent dans les mêmes convulsions; et il en serait tombé davantage, si on n'eût eu la précaution de renvoyer sur-le-champ chaque enfant chez ses parents. On fut obligé de multiplier les écoles. En séparant ainsi les enfants, et ne les tenant assemblées qu'en petit nombre, trois semaines suffirent pour dissiper cette affection convulsive épidémique. •

« J'ai vu, dit Bertrand, une somnambule qui annonça longtemps d'avance qu'à une époque qu'elle fixa, elle serait forcée pendant huit jours entiers de *repasser par son* enfance, et, qui en effet, quand l'époque fut venue, parut ressentir une seconde fois, pendant cet intervalle, tout ce qui l'avait frappée le plus vivement dans le cours des premières années de sa vie. Des personnes qui ne l'avaient pas quittée depuis son enfance étaient frappées de la voir retracer mille circonstances échappées à leur souvenir. Du reste, pendant tout ce temps, la somnambule éprouva dans son visage, dans sa manière de s'exprimer, dans ses goûts, dans ses penchants, toutes les modifications qui convenaient à l'âge auquel elle se reportait; elle s'amu-

sait comme un enfant, jouait à la poupée. C'était
une femme de trente-deux ans, épileptique depuis
son enfance. Elle attribuait sa maladie à une vive
frayeur qu'on lui avait fait éprouver à l'âge de
cinq ou six ans. A cet âge, on avait l'absurdité de la
menacer du diable, et un jour on l'avait couchée
en lui répétant que le diable l'emporterait; on fit
plus, et, pendant que la pauvre enfant restait li-
vrée à ses terreurs, au milieu de l'obscurité, on
poussa la cruauté jusqu'à passer sous sa couverture
une main couverte d'un gant de peau avec son
poil. On ne réussit que trop à produire sur elle
une funeste illusion; et elle eut sur-le-champ une
attaque d'épilepsie. La maladie, depuis ce temps,
résista à tous les remèdes. Quand la somnambule
fut arrivée à l'époque de son enfance, où cette
scène terrible pour elle s'était passée, elle en re-
produisit toutes les circonstances avec la plus grande
exactitude; rien n'y manqua; pas même l'attaque
d'épilepsie au moment de la grande terreur. Plusieurs événements qui se rapportaient à peu près
à la même époque de la vie de la malade, étaient
reproduits par elle avec une telle vérité, qu'ils faisaient la plus forte impression sur les spectateurs;
car les personnes qui l'avaient élevée avaient tenu
envers elle une conduite atroce. Il n'est pas inutile
de faire remarquer que cette somnambule avait,
comme toutes les personnes épileptiques depuis

leur enfance, éprouvé une grande altération dans ses facultés intellectuelles ; elle était presque idiote et certainement tout à fait incapable de rien faire dans son état ordinaire qui approchât de ce qu'elle faisait en extase. » (*Magnétisme animal.*)

Nous touchons ici le fait de somnambules qui après avoir annoncé dans le sommeil qu'elles feraient telle et telle action, n'y manquent pas ; et par exemple si elles ont annoncé qu'elles ne mangeraient pas pendant un certain temps, pendant ce temps ne peuvent manger. L'état de veille nous fournit des indications : dans la veille il nous arrive de nous proposer quelque chose à faire et de l'oublier. Cependant nous avons une idée sourde que nous oublions quelque chose, et, au milieu de nos autres occupations, elle nous poursuit. Quelquefois nous nous sentons tristes, sans savoir pourquoi, puis, en réfléchissant, nous retrouvons la cause de notre tristesse, et de même pour le contentement. Nos impressions du sommeil se continuent souvent dans la veille : un songe évanoui laisse son effet dans notre âme, et altère nos sentiments du jour. Il nous est difficile de ne pas vouloir plus de bien à une personne qui s'est représentée à nous dans des rêves agréables ; et si au contraire le rêve était fâcheux, malgré l'injustice qui paraît à cela, nous avons à combattre pour ne pas laisser diminuer notre bienveillance. Enfin nos impressions de la veille se prolongent dans le sommeil, pour teindre nos rêves de leurs couleurs ; et de même nos volontés persistent. Nous voulons nous éveiller au bout d'un certain temps et nous nous éveillons ; nous voulons nous éveiller si un cauchemar survient, et avec de la persévérance nous y réussissons.

Ces états de sommeil et de veille ne sont donc pas si indépendants, si isolés qu'ils le paraissent ; ils se pénètrent, ils influent l'un sur l'autre. Pourquoi alors une forte idée prise dans le somnambulisme n'agirait-elle pas énergiquement sur la veille ? Et il n'est pas nécessaire qu'on l'ait devant les yeux ; il suffit qu'elle soit au fond de l'esprit et qu'elle ait porté son coup. Beaucoup de nos dispositions bienveillantes ou malveillantes à l'égard des choses, viennent de préventions lointaines, dont nous ne nous rendons pas compte à nous-mêmes. La plupart des hommes ne découvrent jamais ces préventions ; d'autres plus pénétrants, s'y attachent et les trouvent souvent dans des circonstances fortuites de leur jeunesse. Il y a dans l'esprit autre chose que la pleine lumière que la réflexion fait naître ; il y a dans ses profondeurs des obscurités où dorment une foule d'idées et de sentiments inexplorés, tout un monde nouveau à celui-même qui le porte.

Question. S'il est vrai que des somnambules annoncent exactement telle ou telle crise pour l'état de veille, qu'elles feront telle ou telle action ou ne la feront pas, qu'elles prendront un remède à telle heure ou ne mangeront point dans tel espace de temps; dans quels cas n'est-ce pas un pressentiment naturel; dans quel cas n'est-ce pas l'événement qui s'accommode à la prophétie? Le fait a-t-il été prédit parce qu'il doit arriver, ou arrive-t-il parce qu'il a été prédit?

3° COMMUNICATION DES SYMPTÔMES DES MALADIES. Est-il possible que les symptômes des maladies se communiquent? Voici une anecdote de Virey : « Une femme de chambre voit le chirurgien perçant un abcès au bras de sa maîtresse; elle sent au même instant une vive sensation au même lieu qui devint tout rouge. » On ne trouve pas un grand nombre d'observations pareilles; mais il y a des faits ordinaires qui mettent sur le chemin. Nous sommes naturellement portés à imiter les mouvements, à prendre les passions de ceux qui nous approchent. Les enfants laissent naïvement paraître ces impressions; nous apprenons plus tard à les dominer; mais toutes les fois que nous nous oublions, cette imitation revient. Les exemples abondent de ces contagions. Or jusqu'à quel point peut aller ce sentiment par contre-coup des souffrances des autres, si l'on suppose dans celui qu'on y expose une sensibilité nerveuse très-excitée? Il est difficile de le déterminer. Mme de Sévigné écrivait à sa fille dans son aimable langage : « J'ai mal à votre poitrine. » Il reste à savoir ce que physiquement il peut y avoir de vrai en de certaines occasions dans des mots pareils.

4° *Subtilité des sens.* Quelle peut être exactement la subtilité des sens dans l'état normal? Cela est difficile à apprécier; nos sens s'aident les uns les autres et se reposent les uns sur les autres du soin d'informer l'esprit. Il n'y a presque pas de circonstances où nous n'usions à la fois de la vue, de l'ouïe et du toucher. Il arrive de là qu'aucun de ces organes ne fait tout ce qu'il peut, ni ne le montre. Mais réduisez un sens à lui-même, et un homme à un sens, vous verrez quelle finesse il acquerra, quelles ressources auparavant incroyables il développera. Le fait que raconte Bayle de cet aveugle qui, au toucher, distinguait les différentes couleurs, même entremêlées, est un fait extrème; mais enfin qui de nous, clairvoyants, se chargerait, les yeux fermés, de trouver son chemin, et son chemin à travers les rues de Paris, comme des aveugles de longue date le font tous les jours, et comme une fois ce Quinze-Vingt qui guidait un étranger? Dans ce cas, l'ouïe, le tact et la mémoire suppléent par une habileté nouvelle au sens éteint. Comme aussi, dans le monde, ces aveugles reconnaissent les gens et leur place au timbre de la voix, au ton de la parole, à la force du son et à sa direction ! Otez l'ouïe et

vous serez émerveillé de la délicatesse de la vue :
elle lira votre pensée, elle devinera vos paroles dans
votre physionomie, dans le mouvement de vos lè-
vres. Croit-on que depuis l'imprimerie, la mémoire
en général n'ait pas perdu de sa force ? La foule re-
tient-elle des poëmes entiers, comme dans l'anti-
quité les vers d'Homère, comme chez les Indiens
des épopées de cent et de deux cent mille vers?
Même sans supposer des infirmités physiques, et
laissant à l'homme toutes ses facultés, n'a-t-on pas
vu ce que peut sur elles l'exercice, l'éducation ?
Nous, civilisés, avons-nous la vue perçante ou la
fine ouïe des sauvages qui devinent à des distances
énormes leur ennemi ou leur proie ?

La pénétration possible des sens dans l'état sain
est donc bien plus grande que nous ne le croyons
d'ordinaire. Supposez maintenant une affection nerveuse, chacun de nous n'en a-t-il pas vu ou senti
des effets étranges : un organe distinguant tout à
coup avec une délicatesse étonnante le moindre
bruit, la moindre odeur, la moindre saveur, le
moindre attouchement? Et si vous admettez un trouble profond du système nerveux, quelque grave maladie, comme la catalepsie, par exemple, dans cette
espèce de mort des sens, si un seul reste ouvert, pen-
sez-vous que toute la sensibilité retirée du reste et
portée là ne lui fera pas faire des merveilles? « Dans
l'hystérie, dit Georget, les sens sont quelquefois très-

irritables : la vue ne peut supporter la lumière,
l'ouïe le son le plus léger, l'odorat l'odeur la moins
pénétrante ; la pluie, le froid ou la chaleur, les variations de la température ; l'air chargé d'électricité
incommode toujours beaucoup les malades. » Dans
l'hypocondrie, des symptômes pareils : une irritabilité extrême de l'ouïe, de la vue, de l'odorat, une
pareille sensibilité aux variations de la température
et à l'électricité de l'air. Un médecin hypocondria-
que, cité par Villermay, rapportait qu'il lui semblait
entendre par tout le corps. Dans le somnambulisme
naturel, n'est-ce pas le tact en partie qui, devenu
d'une sagacité merveilleuse, dirige les somnambules
par les toits et le long des fleuves ?

Quant au somnambulisme magnétique et à la
vertu nouvelle de l'odorat qu'il développe peut-être,
Deleuze, en le constatant, semble lui-même l'expliquer par des causes naturelles, et y voir simplement
une excitation des sens. Il parle à peu près comme
Cabanis, qui, on le sait, n'est pas un ami du
merveilleux. « Il est telle substance odorante qui
conserve et répand son odeur pendant des siècles,
sans diminuer sensiblement de poids. Un grain d'am-
bre placé dans un appartement le parfume pendant
plusieurs années. On voit des chiens barbets aller
chercher au fond de l'eau une pierre que leur maître y avait jetée. Il suffit que la pierre ait été tou-
chée pour qu'elle conserve encore sous l'eau des

émanations sensibles à l'odorat de l'animal. Or, le somnambule a une délicatesse de sens bien supérieure à celle de l'odorat du chien; et, continue-t-il suivant sa théorie, le fluide qui agit sur lui est bien plus subtil que ne le sont toutes les émanations odorantes. »

Question. Est-il démontré sans aucun soupçon possible de supercherie, qu'un somnambule a vu, les paupières closes, des objets inconnus à lui et au magnétiseur? Est-il démontré que nul homme, d'aucune constitution ni dans aucun état nerveux, ne peut, ou bien suivre du doigt les traces des caractères, ou bien suivre à l'odeur un objet connu?

X.

Ÿ États extraordinaires de l'âme : exaltation des facultés intellectuelles : imagination, mémoire, etc.

Exaltation des facultés intellectuelles. Imagination. Certaines boissons excitent l'esprit. On sait quel effet produit sur les Orientaux leur opium mêlé de feuilles d'une sorte de chanvre. Kœmpfer, qui prit en Perse un bol de ces préparations, se crut pendant plusieurs instants transporté sur les nuages, au milieu de l'arc-en-ciel, et ne sortit de son délire extatique, qu'après un sommeil de quelques heures. Le Vieux de la Montagne, par des breuvages pareils, montait l'imagination des jeunes gens, et leur promettait pour l'éternité les jouissances de ces moments, s'ils exécutaient ses ordres. Le jeûne excite aussi l'imagination. On sait que si l'on dort à jeun l'esprit est agité de rêveries ; car l'on a, selon l'expression commune, *le cerveau creux*. Les antiques sibylles avaient l'esprit exalté par les vapeurs de l'antre où elles faisaient les prédictions. Chez les Mexicains, les prêtres du soleil s'étourdissaient en se frottant d'un onguent magique d'une odeur exécrable.

Enfin, si l'on veut la recette pour aller au sabbat, la voici ; et vraiment on irait à moins. Il faut préparer avec de vieux oing et certaines herbes magiques, un onguent dont on se frottera les tempes et les poignets. Ces plantes sont principalement la mandragore, la belladone, la pomme épineuse (*datura stramonium*), la jusquiame, l'ivraie, les pavots ou l'opium, toutes herbes d'odeur et de propriétés étourdissantes, ou stupéfiantes et narcotiques, comme on sait ; mais il serait bien mieux d'y joindre de la graisse d'enfant, ou tout au moins de celle de pendu. (On sent quel effet doit produire sur l'imagination ce commerce avec les cadavres.) Enfin, pour achever le mystère, en cuisant cet onguent, il faut proférer certaines paroles de consécration tirées de l'hébreu ou du chaldéen. Ce n'est pas tout : il faut se préparer un ou deux jours d'avance par le jeûne; puis le soir du vendredi où l'on se propose d'aller au sabbat, on mangera un gâteau de millet noir, sans sel, ou du fromage apprêté avec des herbes telles que le coq[1], la menthe, et, enfin, après s'être bien frotté d'onguent devant un brasier ardent, on doit se coucher sur le côté gauche précisément. (Virey.)

Arétée a vu des individus atteints de névrose, devenir ingénieux et singulièrement habiles sans maîtres, jusqu'à connaître l'astronomie, la philosophie, l'art poétique, que personne ne leur a jamais enseigné, et qu'ils semblent tenir de l'inspiration des muses. Il dit encore que leurs sens acquièrent une finesse, une délicatesse merveilleuse, et leur esprit une grande vivacité. Ils voient des images voltiger devant eux. Dans la méningite, ou inflammation du cerveau, la raison est, selon lui, quelquefois pleine et entière, le jugement très-net et très-propre à prophétiser. Le malade annonce aux assistants quand il doit mourir, et l'événement, qui le justifie, les jette dans l'admiration. Bertrand a vu un jeune homme qu'il aimait, donner, un peu avant sa mort, le spectacle d'un esprit singulièrement lumineux.

Quelques hystériques sont, au milieu de leurs accidents convulsifs, dans un état fort remarqua-

---

1. Plante corymbifère, d'une odeur agréable, et qui est employée en médecine.

ble : elles ne voient ni n'entendent, et cependant elles tiennent des propos sensés, font des observations fines et judicieuses ; mais bientôt déraisonnent, voient des fantômes, méconnaissent et tour à tour reconnaissent leurs parents ou leurs amis.

Le sommeil, concentrant la vie intérieure, donne quelquefois aux autres facultés une plus grande puissance. Le célèbre Tartini, échauffé d'idées musicales, s'endort ; le diable lui apparaît, jouant une sonate sur le violon, et lui disant : — Tartini, joues-tu comme moi ? — Le musicien enchanté de cette délicieuse harmonie, se réveille, se met au piano, et compose sa plus belle sonate, celle du Diable.

L'imagination ou la puissance de se représenter les objets n'est pas égale en tous les hommes, et pour juger ce que le somnambulisme magnétique y apporte, il faut la voir là où elle est le plus grande. Tel peintre voit une fois un paysage, une personne, et les porte gravés au dedans de lui, et les rend vivants sur la toile. Tel joueur d'échecs, les yeux fermés, voit à la fois trois ou quatre échiquiers, suit les mouvements des pièces et les combine. Tel calculateur rapide voit dans sa tête des séries d'opérations comme il les verrait sur un tableau. Tel musicien entend intérieurement des morceaux compliqués de musique : Beethoven, sourd, composait et se répétait intérieurement d'énormes symphonies. Il ne faut donc pas prendre comme mesure de la puissance d'imaginer les choses, la mesure commune, la faible et terne imagination de la plupart des hommes, mais le plus grand développement où elle peut atteindre dans des individus éveillés et sains.

Eveillés encore, notre imagination peut se monter bien au delà de son ton ordinaire, quand elle est excitée par quelque passion. Qui ne sait en ce genre les effets de la peur, dans l'obscurité, dans la solitude, dans un cimetière, dans une forêt? les effets des récits extraordinaires qu'on nous a faits ou que nous nous sommes faits à nous-mêmes? Hoffmann, le conteur fantastique, se dressait la nuit sur son séant, croyant voir le diable. On a lu le passage si curieux d'Augustin Thierry où l'auteur raconte qu'assis devant les livres d'une bibliothèque, il voyait se dresser et se mouvoir devant lui les personnages que son esprit avait animés. Le soir, dans les ténèbres, avant de nous endormir, il est étonnant combien d'images passent devant nos yeux, et souvent avec une vivacité fatigante. Il y a des breuvages qui donnent des visions; et on connaît les hallucinations, ces spectacles imaginaires qu'un homme voit les yeux ouverts et ne peut s'empêcher de voir, alors même qu'il les juge imaginaires; ces scènes, ces discours, ces odeurs, ces saveurs chimériques dont nos sens font tous les frais. Quant aux songes, tout le monde les connaît, et la netteté de leurs représentations, l'entière illusion qu'elles produisent. Chacun n'a qu'à se rappeler ses propres souvenirs.

Le somnambulisme est plus rare et plus curieux : il montre une singulière force de l'imagination qui se représente les lieux habituels et permet au somnambule de s'y mouvoir comme s'il les voyait, sans compter ce que l'invention y ajoute. Citons-en quelques exemples après la grande Encyclopédie et plusieurs médecins.

Voici d'abord le fait cité par l'auteur de l'article *Somnambulisme* de l'Encyclopédie :

« M. l'archevêque de Bordeaux m'a raconté qu'étant au séminaire, il avait rencontré un jeune ecclésiastique somnambule. Curieux de connaître la nature de cette maladie, il allait tous les soirs dans sa chambre, dès qu'il était endormi. Il vit, entre autres choses, que cet ecclésiastique se levait, prenait du papier, composait et écrivait des sermons. Lorsqu'il avait fini une page, il la relisait tout haut d'un bout à l'autre (si on peut appeler lire cette action faite sans le secours des yeux). Si quelque chose alors lui déplaisait, il le retranchait et écrivait par-dessus les corrections avec beaucoup de justesse. J'ai vu le commencement d'un de ses sermons qu'il avait écrit en dormant : il m'a paru assez bien fait et correctement écrit; mais il y avait une correction surprenante : ayant mis dans un endroit *ce divin enfant*, il crut, en le relisant, devoir substituer le mot *adorable* à *divin*; pour cela, il vit que le *ce*, bien placé devant *divin*, ne pouvait aller avec *adorable*; il ajouta donc fort adroitement un *t* à côté des lettres précédentes, de sorte qu'on lisait *cet adorable enfant*. La même personne, témoin oculaire de ces faits, pour s'assurer s'il faisait usage de ses yeux, mit un carton sous son menton, de façon à lui dérober la vue du papier qui était sur la table; mais il continua à écrire sans s'en apercevoir. Voulant ensuite connaître à quoi il jugeait la présence des objets qui étaient sous ses yeux, il lui ôta le papier sur lequel il écrivait, et en substitua plusieurs autres à différentes reprises; mais il s'en aperçut toujours, parce qu'ils étaient d'une inégale grandeur; car quand on trouva un papier parfaitement semblable, il le prit pour le sien, et écrivit les corrections aux endroits correspondants à celui qu'on lui avait ôté. C'est par ce stratagème ingénieux qu'on est venu à bout de ramasser quelques-uns de ses écrits nocturnes. M. l'archevêque de Bordeaux a eu la bonté de me les communiquer. Ce que j'ai vu de plus étonnant, c'est de la musique faite assez exactement; une canne lui servait de règle; il traçait avec elle, à distance égale, les cinq lignes, mettait à leur place la clef, les bémols, les dièses; ensuite il marquait les notes, qu'il faisait d'abord toutes blanches; et quand il avait fini, il rendait noires celles qui devaient l'être : les paroles étaient écrites au-dessous; il lui arriva une fois de les écrire en trop gros caractères, de façon qu'elles n'étaient pas placées directement sous leurs notes correspondantes. Il ne tarda pas à s'apercevoir de son erreur; et pour la réparer, il effaça ce qu'il venait de faire en passant la main par-dessus, et refit plus bas cette ligne de musique, avec toute la précision possible.

« Il s'imagina une nuit, au milieu de l'hiver, se promener au bord d'une rivière, et voir tomber un enfant qui se noyait; la rigueur du froid ne l'empêcha pas de l'aller secourir. Il se jeta ensuite sur son lit, dans la posture d'un homme qui nage. Il en imita tous les mouvements; et après s'être fatigué quelque temps à cet exercice, il sent au coin de son lit un paquet de la couverture, croit que c'est l'enfant, le prend avec une main, et se sert de l'autre pour revenir, en nageant, au bord de la prétendue rivière; il y pose son paquet et sort en frissonnant et claquant des dents comme si en effet il sortait d'une rivière glacée. Il dit aux assistants qu'il gèle et qu'il va mourir de froid, que tout son sang est glacé; il demande un verre d'eau-de-vie pour se réchauffer; n'en ayant pas, on lui donne de l'eau qui se trouvait dans la chambre;

il en goûte, reconnaît la tromperie, et demande encore plus vivement de l'eau-de-vie, exposant la grandeur du péril qu'il courait. On lui apporte un verre de liqueur ; il le prend avec plaisir, et dit en ressentir beaucoup de soulagement. Cependant il ne s'éveille point, se couche, et continue de dormir plus tranquillement.

« Notez que lorsqu'il composait ses sermons il voyait bien son papier, son encre, sa plume, savait bien distinguer si elle marquait ou non ; il ne prenait jamais le poudrier pour l'encrier, et, du reste, il ne se doutait pas même qu'il y eût quelqu'un dans la chambre, ne voyant et n'entendant personne, à moins qu'il ne les interrogeât ; il lui arrivait quelquefois de demander des dragées à ceux qui se trouvaient à côté de lui ; et il les trouvait fort bonnes quand on les lui donnait ; et si dans un autre temps on lui en mettait dans la bouche, sans que son imagination fût montée de ce côté-là, il n'y trouvait aucun goût et les rejetait. »

Bertrand rapporte les faits suivants : Gassendi avait à son service un jeune homme qui se levait toutes les nuits, descendait à la cave et tirait du vin d'un tonneau ; souvent il sortait de la maison et marchait dans les rues au milieu de la nuit, quelquefois même il se promenait dans la campagne, et montait sur des échasses pour traverser un torrent qui entourait la ville ; quand il venait à sortir de son sommeil après l'avoir traversé, il n'osait plus faire la même chose éveillé, pour revenir chez lui. Gassendi ajoute que quand il lui arrivait ainsi de s'éveiller au milieu de ses courses, il se trouvait tout à coup plongé dans les ténèbres au moment où il ouvrait les yeux : mais comme il avait la faculté particulière de se souvenir, au réveil, de tout ce qui s'était passé pendant son sommeil, sachant le lieu où il se trouvait, il regagnait son lit en tâtonnant, de sorte que l'obscurité qui s'opposait à l'exercice de sa vue dans l'état de veille, n'était plus pour lui un obstacle dans l'état de somnambulisme. Le nouveau mode de vision dont il jouissait était-il donc tout à fait indépendant de la lumière? Un fait consigné dans la même observation pourrait faire soupçonner le contraire. Il est rapporté que souvent, trouvant qu'il n'y voyait pas assez, il lui arrivait d'allumer de la chandelle pour s'éclairer; mais il ne faudrait pas se presser d'en conclure que c'était réellement la lumière qui servait à lui faire apercevoir plus distinctement les objets; et quand on réfléchira au grand pouvoir qu'exerce l'imagination sur les impressions des somnambules, on concevra qu'il suffisait que celui-ci fût persuadé qu'en allumant la chandelle, il avait écarté l'obstacle qui s'opposait à ce qu'il vît, pour qu'il y vît mieux en effet. (*Du Somnambulisme.*)

Le somnambule Negretti trouvant, une nuit, qu'il n'y voyait pas assez clair, se saisit d'une bouteille qu'il trouva sur la cheminée; et croyant tenir dans sa main un chandelier portant une chandelle allumée, il ne cessa de s'éclairer de cette lumière imaginaire.

Un soir, le somnambule Castelli fut surpris au moment où il s'occupait de traduire de l'italien en français; il cherchait ses mots dans un dictionnaire comme il l'aurait pu faire éveillé, et paraissait se servir d'une lumière placée auprès de lui; ceux qui l'observaient éteignirent la lumière, et aussitôt il parut se trouver dans l'obscurité; il chercha en tâtonnant sa chandelle sur la table, et fut la rallumer à la cuisine. Or, au moment où il se croyait ainsi dans l'obscurité, il était réellement dans une chambre éclairée, mais éclairée par des chandelles différentes de celle qu'il avait allumée, et qui ne lui servaient de rien parce qu'il ne les savait pas là.

Negretti portait un jour une planche chargée de plusieurs carafes, et montait un escalier à deux rampes; quand il fut à la partie la plus étroite de l'escalier, il se tourna adroitement et passa la planche dans sa longueur sans rien renverser.

Une autre fois, voulant enlever dans une salle des toiles d'araignées qu'on lui avait dit dans la journée d'ôter, il alla prendre un balai qu'il emmancha à une longue perche et qu'il y attacha solidement avec une corde. En montant l'escalier, il se trouva que la perche ne put passer à cause de sa longueur. Que fit donc le somnambule? Il ouvrit une fenêtre qui donnait du jour à l'escalier, fit sortir de la perche ce qui était nécessaire pour pouvoir la faire monter, après quoi il vint refermer la fenêtre et n'omit rien de ce qui lui avait été ordonné.

Il s'imagina un soir qu'il devait aller éclairer le carrosse de son maître; en conséquence, il prit une torche éteinte et sortit seul dans la rue, persuadé que la voiture le suivait; à chaque carrefour, il s'arrêtait quelques instants pour donner au carrosse le temps de s'approcher, et quand il croyait avoir entendu l'ordre de suivre une certaine direction, il la prenait aussitôt.

Tous les somnambules n'ont pas besoin de lumière pour voir pendant leur sommeil. « J'ai observé, dit Bertrand, une jeune personne de dix-huit à vingt ans atteinte de somnambulisme essentiel, mais dont un magnétiseur s'était emparé en rappelant pendant le jour les accès au moyen de ses procédés. Cette jeune personne, très-bien élevée et d'une famille honnête, aimait à donner des consultations aux malades, et elle écrivait elle-même ses ordonnances en somnambulisme, mais elle n'avait la faculté d'écrire que pendant ses accès de nuit. Elle se levait alors et écrivait sans lumière. Ce qu'il y a de remarquable, c'est qu'elle ne pouvait distinguer les objets qu'autant qu'elle se trouvait dans l'obscurité la plus entière. La moindre lumière, celle de la lune pénétrant au travers des jalousies, celle d'un tison mal éteint dans la cheminée, suffisait pour mettre un obstacle à sa vision. Elle disait que ce *soleil* la gênait et l'empêchait de voir. Ses parents m'ont montré plusieurs ordonnances qu'elle avait écrites ainsi au milieu de la nuit la plus profonde. Elles étaient correctement tracées, et leur contenu paraissait assez en rapport avec les maladies des personnes auxquelles elle les prescrivait. Je l'ai vue, dans son somnambulisme artificiel, marcher les yeux fermés dans une chambre qu'elle ne connaissait pas, éviter les meubles et les chaises qui se trouvaient sur son passage, beaucoup plus facilement que n'aurait pu le faire une personne éveillée qui ne se serait pas servie de ses yeux. »

Divers médecins rapportent ce qui suit : Une nuit, un jeune homme se lève tout endormi, s'habille, met ses brodequins et ses éperons; puis monte sur sa croisée et là, se croyant à cheval, il pique des deux. A son réveil, il fut très-effrayé du danger qu'il avait couru.

Un enfant, chaque jour occupé à sonner les cloches d'une église, se croyant la nuit au milieu de ses camarades, leur propose de monter au clocher, sort de sa chambre, puis y rentre et imite les mouvements d'un sonneur de cloches.

Un ouvrier ébéniste, sous un maître violent, devient somnambule. Dans ses accès il était furieux, il fallait quatre personnes vigoureuses pour le tenir; il s'imagine qu'il se bat avec son maître. Plus calme, il chantait ou s'occupait d'affaires de commerce avec toute la sagacité d'un homme éveillé.

Tissot nous a transmis le fait d'un étudiant en médecine, qui se levait toutes les nuits pour travailler, puis se recouchait sans se réveiller. Un jeune militaire d'un caractère très-gai, s'amuse un soir avec ses camarades du simulacre d'un combat, puis soupe copieusement. Après un premier somme, il se lève encore tout endormi, simule, avec ses bras, une défense vigoureuse, franchit une porte et revient tout en sueur. Les yeux étaient ouverts, mais il ne voyait pas; le lendemain il ne conservait aucun souvenir de son essai. Une autre fois, il prend la fenêtre pour la porte et se précipite dans la rue.

On a conservé l'histoire d'un autre accident de cette sorte. Quelques somnambules ont été réveillés au début de leur accès parce qu'on avait placé au bas de leur lit une baignoire où ils descendaient quand ils voulaient se lever.

Bertrand a conservé une histoire de somnambulisme où la représentation des objets habituels et d'objets imaginaires est singulièrement mêlée. « J'ai vu une jeune personne somnambule spontanée, mais dont on était parvenu à provoquer les accès au moyen des procédés magnétiques, offrir plusieurs exemples de ces erreurs de l'imagination. Les visions chez elle n'étaient pas continuelles; mais elles venaient souvent se mêler à l'état de calme le plus parfait.... Un jour elle était endormie au milieu d'un salon, dans lequel se trouvaient un assez grand nombre de personnes avec lesquelles elle parlait tranquillement des choses les moins propres à effrayer. Quoiqu'elle eût les yeux fermés, et qu'elle ne connût pas la chambre dans laquelle elle se trouvait, elle y marchait tranquillement, évitant assez bien les meubles et les chaises qui se trouvaient sur son passage. Tout à coup elle cessa de répondre, elle s'arrêta, et sa physionomie prit une expression de terreur; tout son corps tremblait, ses bras étaient étendus comme pour écarter un fantôme, et elle s'écria avec l'accent de l'émotion la plus vive : — La voilà! La voilà! Voilà aussi le pauvre M***. — Le magnétiseur faisait tout son possible pour la calmer; il y parvint enfin, en l'assurant qu'il n'y avait rien dans la chambre de ce qu'elle croyait y voir; mais ce ne fut pas sans beaucoup de peine, et elle resta longtemps émue de la vision des spectres; car les deux personnes dont

la vue l'avait frappée étaient mortes depuis longtemps. »

Mémoire. M. Moreau, de la Sarthe, raconte
dans l'article *Médecine mentale* de l'*Encyclopédie
méthodique*, qu'il a traité un enfant de douze ans
qui n'avait jamais eu connaissance que des premiers éléments de la langue latine, et qui, dans
les accès d'une fièvre maligne, se mit à parler
cette langue avec une pureté et une élégance
qu'on ne pourrait remarquer que dans ceux qui
seraient le plus versés dans sa pratique. Toutes
les facultés intellectuelles de cet enfant étaient, au
rapport de l'observateur, notablement augmentées,
et il n'était pas reconnaissable, tant il était devenu capable d'exprimer avec force et éloquence
les sentiments de reconnaissance qu'il éprouvait
pour ceux qui lui donnaient des soins.

« Une somnambule, dit Bertrand, ayant ordonné
une tisane dans laquelle devaient entrer plusieurs
plantes peu communes, chacun se récria sur la
merveilleuse faculté qu'avait la malade de trouver
des mots que bien certainement elle n'avait jamais
entendu prononcer ; elle-même, quand elle fut
éveillée, interrogée sur ce sujet, déclara ne rien
comprendre à l'ordonnance qu'elle venait de dicter. Les spectateurs étaient de plus en plus en admiration, quand une dame entra, et dit qu'elle se
rappelait fort bien que, dans son enfance, cette

somnambule, fille d'une femme qui faisait le métier d'herboriste dans les campagnes, avait cherché avec sa mère les plantes en question. Elle ajouta qu'elle-même les avait accompagnées dans leurs recherches; mais tout cela remontait à une époque si éloignée, que la somnambule pouvait bien en avoir perdu le souvenir dans l'état de veille. »

Instinct des remèdes. L'instinct des remèdes est ainsi restreint par M. Bertrand lui-même : « Nous ne prétendons désigner par là, dit-il, qu'une extension de la faculté que nous possédons tous, même dans l'état ordinaire de santé, à un degré plus ou moins parfait, d'avoir des goûts et des penchants en rapport avec nos besoins, et dont tous les médecins ont observé un perfectionnement sensible dans plusieurs états maladifs. » Cabanis, surtout, a signalé l'existence de l'instinct des remèdes comme un fait incontestable et dont il avait été témoin. « J'ai vu, dit-il, des malades dont le goût avait acquis une finesse particulière, qui désiraient et savaient choisir les aliments et même les remèdes qui paraissaient leur être véritablement utiles, avec une sagacité qu'on n'observe pour l'ordinaire que dans les animaux. On en voit qui sont dans le cas d'apercevoir dans le temps de leurs paroxysmes, ou certaines crises qui se préparent et dont la terminaison prouve bientôt la

justesse de leurs sensations, ou d'autres modifications attestées par celles du pouls, ou des signes
plus certains encore. » Et ici on rencontre encore
un vieil observateur, Aristote. « Pendant la veille,
les impressions que nous recevons du dehors étant
très-fortes, elles absorbent notre attention et nous
empêchent de sentir les mouvements légers qui se
passent au dedans de nous; pendant le sommeil,
au contraire, ces mouvements intérieurs deviennent sensibles. Or, les maladies, comme tous les
événements, se préparant à l'avance par de petites causes, le dérangement par lequel s'annonce une maladie qui doit se développer dans la
suite est plus facilement aperçu pendant le sommeil que pendant la veille. »

Quant au *don de parler des langues inconnues*, il
est bon de s'entendre. Si c'est une langue qui
n'existe pas, cela n'est pas difficile. Si c'est une langue inaccoutumée, nous renvoyons à ce que nous
disons de la mémoire. Le maréchal de Villars nous
a conservé une assez curieuse anecdote. « Une pro-
phétesse, âgée de vingt-sept à vingt-huit ans, fut ar-
rêtée, il y a environ dix-huit mois, et menée devant
M. d'Alais. Il l'interrogea en présence de plusieurs
ecclésiastiques. Cette créature, après l'avoir écouté,
lui répond d'un air modeste, et l'exhorte à ne plus
tourmenter les vrais enfants de Dieu, et puis lui
parle, pendant une heure de suite, une langue

étrangère à laquelle il ne comprit pas un mot, comme nous avons vu le duc de La Ferté, autrefois, quand il avait un peu bu, parler anglais ; j'en ai vu dire : J'entends bien qu'il parle anglais, mais je ne comprends pas un mot de ce qu'il dit. Cela eût été difficile aussi à comprendre, car jamais il n'avait su un mot d'anglais. Cette fille parlait grec, hébreu, de même. »

XI.

Résumé.

En résumé de tous ces faits, il y a dans le corps humain un organe infiniment mobile, délicat, capricieux, puissant : les nerfs ; il y a dans l'âme une faculté aussi infiniment mobile, délicate, capricieuse, puissante : l'imagination. Ces deux puissances agissent perpétuellement l'une sur l'autre, s'exaltent l'une l'autre et se montent à un singulier degré. Une des choses qui influent le plus énergiquement sur l'imagination est l'action décidée d'une volonté étrangère accompagnée de circonstances étranges et de la croyance à son pouvoir, une sorte de fascination. Le mystère fait les prodiges et les prodiges font les prodiges.

Question. S'il est vrai que la presque totalité des somnambules et des individus qui ont manifesté des qualités pareilles soient ou des femmes, natures nerveuses, passionnées, impressionnables, ou des enfants faibles et de nerfs délicats; s'il est vrai que les hommes qui sont tombés dans cet état, comme les paysans de Busancy ou les trembleurs des Cévennes, aient été ou des hommes simples, faciles à impressionner par conséquent, ou exaltés; s'il est vrai aussi, de l'aveu des magnétiseurs, que le magnétisme agit surtout sur les maladies nerveuses, et que les dispositions morales ont une grande puissance sur les nerfs : où s'arrête la puissance des nerfs et de l'imagination dans les effets attribués au magnétisme?

XII.

Conclusion.

Le magnétisme animal est-il une erreur ou une vérité?

Nous avons rappelé, pour et contre, un certain nombre de faits curieux qui donnent à réfléchir. Nous n'avons point prêché, assez convaincu à l'avance que chacun, en lisant ce livre, y prendra uniquement ce qui va à son opinion. Que les faits favorables soient réellement plus forts, ils trouvent toujours contre eux les préventions de la critique scientifique, qui n'admet pas volontiers l'extraordinaire, et l'amour-propre qui défend aux adversaires déclarés d'une doctrine de se rétracter. Que les faits défavorables l'emportent, nous ne sommes pas assez naïf pour croire que nous aurons corrigé personne. C'est une histoire ingénieuse, l'histoire de ce prédicateur qui parlait contre la loterie : « Parce qu'on aura rêvé, disait-il, trois numéros (et il les nommait), on prive sa famille du nécessaire et les pauvres de leur part pour mettre à la loterie. » Au sortir du sermon, une bonne femme s'approche de lui : « Mon père, dit-elle, j'ai entendu les deux premiers numéros, quel est donc le troisième? » Au surplus c'est exactement ce qui arriva à Thiers, à propos de son *Traité des superstitions.* Il avait, dans la première édition, souvent retranché des remèdes superstitieux qu'il combattait certaines désignations essentielles. Dans l'édition suivante, il disait : « Cette précaution n'a pas empêché que la première fois que ce traité a vu le jour, on ne m'ait accusé d'avoir fait plus de superstitieux que je n'en ai converti et désabusé, et d'avoir appris à bien des gens beaucoup de superstitions qu'ils ne savaient pas, et qu'il ne tient maintenant qu'à eux de mettre en usage depuis les leçons que je leur ai données. »

L'esprit humain doit se défier de lui-même, de ses ambitions et de ses impatiences. Il désire naturellement supprimer ce qui le gêne, l'espace, le temps, les obstacles de toute espèce : connaître ce qui se passera dans l'avenir, connaître ce qui se passe, en un moment, hors de la portée de sa vue, par tout le globe, pénétrer les corps qui lui dérobent ce qu'ils renferment, ces chairs qui couvrent les organes, cette terre qui cache les sources et les métaux; supprimer, dans les maladies et les jugements, la longueur et l'incertitude des remèdes et des informations. Ce désir est on ne peut plus légitime, car l'homme n'est pas fait pour de petites choses. Chaque jour, la science et l'industrie accomplissent en quelque partie ces vœux. La vapeur, l'électricité, les machines suppriment tous les jours un peu plus du temps, de l'espace et de la peine; la médecine reconnaît à des signes extérieurs l'état des organes intérieurs, et fournit une sorte de clairvoyance; elle ne guérit pas toutes les maladies, mais elle en guérit ou atténue un grand nombre, et fait sans doute des progrès. L'observation de la physionomie et du langage décèle les pensées. Le bon sens et la pénétration appliqués aux procès découvrent, dans le rapprochement des circonstances, les indices des faits essentiels. La géologie enseigne la constitution interne du sol, et, secondée par des observations locales, indique sûrement en bien des rencontres les sources cachées. Enfin la raison calcule dans une foule de circonstances les chances des événements futurs, et souvent prévoit avec une justesse admirable.

Voilà ce que fait la science avouée : elle est modeste, même dans ses jours de grandes espérances, car elle sait d'où elle est partie, combien elle a travaillé pour faire le chemin qu'elle a fait et combien il lui reste de chemin à faire encore; elle sait même, elle sait très-bien qu'elle n'arrivera jamais à supprimer tous les obstacles : que, si dans l'industrie elle réduit le temps, il restera toujours un peu de temps; si elle réduit l'espace, il restera toujours un peu d'espace; que, si dans les informations du passé, les observations du présent et les calculs de l'avenir, elle réduit les chances d'erreur, il restera toujours quelque chance d'erreur.

Pendant que la science des savants travaille ainsi, il y a à toutes les époques une science occulte qui la méprise et vise plus haut : elle prend en pitié la raison qui rampe; elle, elle veut voler. Elle prétend que tous les obstacles tombent par enchantement ! elle voit d'un coup d'œil le passé, le présent et l'avenir, la surface et les entrailles des corps vivants et de la terre, et les pensées au fond de l'esprit; elle voit les crimes, les maladies et les remèdes, et cela non pas par des lueurs, comme fait la plus claire science humaine, mais dans la pleine lumière, à la façon de Dieu. Est-elle ce qu'elle dit? Nous le désirons de tout notre cœur. Nous tenons à savoir, à pouvoir, et ne tenons pas

le moins du monde à travailler. Nous aimons
mieux savoir infiniment et pouvoir infiniment avec
infiniment peu de peine, que de prendre tant de
peine pour savoir et pouvoir si peu. Mais si ce
qu'on nous donne n'était qu'illusion; s'il en était
de cette fortune comme de ces belles pièces d'or
que, selon la légende du moyen âge, le diable
donnait à ses favoris, et qui, entre leurs mains se
changeaient en feuilles sèches, comme il vaudrait
mieux une obole de cuivre que cet or-là, il vaudrait mieux aussi pour l'esprit humain sa pauvre
fortune au soleil, que tous les trésors des rêves.

FIN.

TABLE.

PREMIÈRE PARTIE.

HISTOIRE.

DEUXIÈME PARTIE.

QUESTIONS ET DOUTES SUR LE MAGNÉTISME ANIMAL.

FIN.

DE L'IMPRIMERIE DE CH. LAHURE (ANCIENNE MAISON CRAPELET),
rue de Vaugirard, 9, près de l'Odéon.

www.ingramcontent.com/pod-product-compliance
Lightning Source LLC
Chambersburg PA
CBHW070413090426
42733CB00009B/1644

2969

MANUEL PRATIQUE

ET JURIDIQUE

EXPROPRIÉS

CAUSE D'UTILITÉ PUBLIQUE,

DE DEUX TABLEAUX DONNANT

LA VALEUR DU MÈTRE DE TERRAIN DANS PARIS

EN FAISANT CONNAÎTRE

PRINCIPALES INDEMNITÉS

Propriétaires, Négociants et Commerçants expropriés

PAR

VICTOR ÉMION

A LA COUR IMPÉRIALE DE PARIS

Prix : 1 fr.

PARIS

LIBRAIRIE SCIENTIFIQUE, INDUSTRIELLE ET AGRICOLE

LIBRAIRIE LACROIX, Éditeur

DE LA SOCIÉTÉ DES INGÉNIEURS CIVILS

15, QUAI MALAQUAIS, 15

MANUEL PRATIQUE

ET JURIDIQUE

DES EXPROPRIÉS

POUR CAUSE D'UTILITÉ PUBLIQUE

C.

V

37744

OUVRAGES DU MÊME AUTEUR :

Législation, Jurisprudence et Usages du Commerce des Céréales. 1 vol in-8.

Des Délits et des Peines en matière de Fraudes commerciales (*denrées alimentaires et boissons*). 1 vol. in-18.

Manuel pratique ou Traité de l'exploitation des chemins de fer.

PREMIÈRE PARTIE. — *Voyageurs et Bagages*. 1 vol. in-16. Prix : 2 fr. 50 c.

DEUXIÈME PARTIE. — *Marchandises*. 1 fort vol. in-16. Prix : 3 fr. 50 c.

Paris. — Imp. P.-A. Bourdier et Cie, rue des Poitevins, 6.

BIBLIOTHÈQUE DES PROFESSIONS INDUSTRIELLES ET AGRICOLES
Série I. N° 12.

MANUEL PRATIQUE

ET JURIDIQUE

DES EXPROPRIÉS

POUR CAUSE D'UTILITÉ PUBLIQUE

SUIVI DE DEUX TABLEAUX DONNANT

LE CHIFFRE DE LA VALEUR DU MÈTRE DE TERRAIN DANS PARIS

ET FAISANT CONNAITRE

LES PRINCIPALES INDEMNITÉS

Accordées aux Industriels, Négociants et Commerçants expropriés

PAR

VICTOR ÉMION

AVOCAT A LA COUR IMPÉRIALE DE PARIS

PARIS

LIBRAIRIE SCIENTIFIQUE, INDUSTRIELLE ET AGRICOLE

Eugène LACROIX, Éditeur

LIBRAIRE DE LA SOCIÉTÉ DES INGÉNIEURS CIVILS

15, QUAI MALAQUAIS, 15

1866

I
tine
tab
l'e:
I
sui
or
fer
I
vie
Dot
elle
 be
pa

fra
à s
des

AVIS DE L'ÉDITEUR

Le livre que nous publions aujourd'hui est destiné, nous en sommes convaincu, à rendre un véritable service à tous les particuliers frappés par l'expropriation pour cause d'utilité publique.

En effet, le *Manuel des Expropriés* est le résumé simple et concis des règles pratiques que ceux-ci ont intérêt à connaître pour se diriger dans la défense de leurs droits.

L'expropriation pour cause d'utilité publique devient si fréquente, surtout à Paris, que chacun de nous peut craindre de se voir un jour frappé par elle ; mais si la loi sur l'expropriation est devenue d'une application presque constante, elle n'en est pas moins restée une des moins connues du public.

Toute personne menacée par l'expropriation s'effraye outre mesure des soins qu'elle devra donner à son affaire, des formalités qu'elle devra remplir, des frais qu'elle devra débourser.

Or le seul besoin de l'exproprié est d'avoir un conseil honnête et compétent qui puisse : l'éclairer sur l'indemnité à laquelle il aura légitimement droit ; le diriger, soit dans une transaction avec l'expropriant si elle est possible, soit dans la discussion devant le jury ; éviter, dans l'intérêt des expropriés eux-mêmes, des réclamations exagérées, et soutenir avec d'autant plus d'autorité les demandes raisonnables.

Le livre de M. Émion sera un guide sûr et consciencieux pour l'exproprié. L'auteur du *Manuel* ne pouvait pas aborder l'examen de la position particulière de chacune des personnes appelées à subir un jour ou l'autre l'expropriation ; mais il pose les principes généraux, il énumère avec le plus grand soin les éléments divers qui doivent composer l'indemnité à réclamer devant le jury, et les conseils donnés par lui sont d'autant plus précieux que sa connaissance pratique des affaires lui a permis de ne pas rester dans le domaine de la théorie.

Nous devons dire que l'utilité du *Manuel des Expropriés* a déjà été appréciée par un homme très-compétent, M. Olivier Jeantet. Celui-ci, après avoir lu le livre de M. Émion, a bien voulu nous adresser la lettre que nous reproduisons ci-dessous.

Nous serons heureux si, comme le pense M. Jeantet, l'ouvrage que nous publions est appelé à rendre un service véritable à la société tout entière.

EUGÈNE LACROIX.

La lettre que nous avons reçue de M. Jeantet est ainsi conçue :

« Monsieur,

« Vous m'annoncez que voulant faire précéder l'ouvrage de M. Émion d'un avant-propos, vous désirez avoir mon appréciation sur l'opportunité et l'utilité de ce livre.

« Ma modeste opinion est que M. Émion a réussi à faire un travail éminemment utile en signalant à tous les intéressés la marche qu'ils doivent suivre en matière d'expropriation.

« Tout le monde est censé connaître la loi ; mais peu de personnes la connaissent, surtout à Paris, où chacun sent le besoin d'appliquer les ressources de son intelligence et de son activité au travail qui le fait vivre. La loi sur l'expropriation étant d'une application nouvelle et limitée à quelques grands centres de population, est une des plus ignorées ; aussi la voit-on chaque jour mal appréciée par les parties intéressées.

« Dans les diverses transformations qu'a subies la

législatiou spéciale, apparaît la constante préoccupation du législateur de concilier les intérêts des particuliers avec les besoins de la société, et d'adoucir autant que possible les rigueurs de la loi pour celui auquel elle demande un sacrifice parfois bien pénible. Il s'est particulièrement appliqué à laisser aux expropriants les soins et les frais des formalités à remplir.

« En effet, ces formalités, qui sont minutieuses pour l'expropriant, sont, pour l'exproprié, d'une simplicité telle que ce dernier peut percevoir l'indemnité qui lui est due sans avoir besoin de recourir à aucun officier ministériel.

« Malheureusement, à Paris, il arrive fréquemment que ces sages précautions tournent au détriment de celui qu'elles avaient pour but de ménager.

« La plupart des expropriés envisageant l'expropriation comme un procès ordinaire, compliqué de questions délicates et surchargé de formalités et de frais, souscrivent des traités à forfait. En vertu de ces traités, une personne se charge de suivre la procédure et d'en supporter les frais moyennant une remise sur la différence entre l'offre faite par l'expropriant et l'indemnité allouée par le jury.

« A première vue, ces conventions se présentent comme étant faites pour le plus grand avantage de l'exproprié, puisqu'en échange d'un travail et de soins dont il s'exagère l'importance, on ne lui demande qu'une simple remise sur la partie de l'indemnité qui sera obtenue par ce travail et ces soins.

« Je suis persuadé qu'après avoir parcouru attentivement l'ouvrage de M. Émion, tout homme possédant
une dose ordinaire d'intelligence saura tout ce qu'il a
besoin de connaître pour faire valoir ses droits, dont
l'étendue est renfermée dans ce principe : que l'expropriant doit indemniser l'exproprié de tout le préjudice
qu'il lui cause. Il saura surtout qu'avant de se présenter devant le jury, il n'a que peu ou point de formalités
à remplir et pas de frais à débourser ; qu'il peut dé-
fendre lui-même ses intérêts ; enfin que les offres faites
officiellement par l'expropriant ne sont que l'accomplis-
sement d'une formalité prescrite par la loi, puisque, en
prévision d'une demande qui peut être exagérée, l'expropriant est en quelque sorte obligé de ne faire qu'une
offre minime, ne représentant ni l'indemnité équitablement due, ni celle qu'il accorderait s'il traitait à l'a-
miable. D'où il sera facile de conclure que les traités
souscrits habituellement ne sont avantageux que pour
ceux qui contractent avec l'exproprié.

« Il est vrai que ces traités ne constituent qu'un
simple mandat toujours révocable, mais les expropriés
l'ignorent ou ne regrettent de les avoir souscrits que
lorsqu'il est trop tard.

« Cette manière de procéder, qui a pris sa source
dans les dispositions de la loi les plus bienveillantes
pour les expropriés, a d'autres inconvénients encore
plus graves. Elle est souvent un obstacle aux transac-
tions amiables, qui sont les meilleures entre gens dont
les uns ne demandent à recevoir que ce qui leur revient

équitablement et les autres à donner ce qu'ils doivent consciencieusement; elle contribue à entretenir une espèce d'irritation parmi les expropriés, qui sont rarement satisfaits des décisions du jury, et font remonter plus haut que de raison la responsabilité de ce qu'ils considèrent comme une injustice, parce que, dans le but de captiver leur confiance, on a exalté leurs prétentions en leur promettant des indemnités exagérées.

« Il en résulte aussi parfois des erreurs réelles, qui contribuent à faire de l'expropriation une espèce de jeu sur lequel on spécule ou une loterie dans laquelle chacun espère gagner le gros lot.

« Si mon espoir se réalise, si le *Manuel* que vous publiez contribue à éclairer les parties intéressées sur les dispositions d'une loi dont l'application devient de plus en plus générale, vous aurez, ainsi que M. Émion, rendu un immense service aux expropriés et aux administrateurs, par conséquent à la société tout entière.

« Agréez, etc.

« OLIVIER JEANTET.

« A l'appui des observations qui précèdent, je joins à ma lettre un tableau analytique des principales formalités à remplir en matière d'expropriation pour cause d'utilité publique. Ce tableau prouve d'une manière certaine que les formalités à remplir par les expropriés sont nulles ou presque nulles. »

TABLEAU ANALYTIQUE DES PRINCIPALES FORMALITÉS A REMPLIR		
PAR L'EXPROPRIANT	PAR LES EXPROPRIÉS	
	Propriétaires.	Locataires.
Décret impér. ordonnant des travaux publics. Arrêté du préfet désignant les localités sur lesquelles les travaux doivent avoir lieu. Confection par les ingénieurs du plan parcellaire des propriétés nécessaires. Dépôt de ce plan pendant huit jours à la mairie de la situation des propriétés. Consignation sur un registre spécial, par le maire, des observations faites par les intéressés. A l'expiration de ce délai, réunion à la préfecture ou à la s.-préfecture, d'une commission nommée par le préfet ou le s.-préfet, et présidée par lui, composée de quatre membres du conseil d'arrond. ou du conseil génér. et du maire de la commune sur laquelle sont situées les propriétés. Réception pendant huit jours des observations des propriétaires par la commission. Envoi dans les dix jours du procès-verbal et des pièces au préfet. Arrêté de cessibilité motivé du préfet indiquant les propriétés qui doivent être cédées. Transmission par le préfet au procureur impérial du décret, loi ou ordonnance et de l'arrêt de cessibilité.	Observations à la mairie et devant la commission.	
Dans les trois jours, sur la production des pièces constatant l'accomplissement des formalités, réquisition par le procureur impérial et prononciation par le tribunal du jugement prononçant l'expropriation des propriétés indiquées dans l'arrêté du préfet. Le même jugement nomme un juge directeur du jury.	Requérir le jugement dans l'année de la date de l'arrêté.	
Publication du jugement et notification aux intéressés. Transcription du jugement au bureau des hypothèques.	Dans les trois jours recours en cassation. Dans la huitaine faire connaître les fermiers ou locat.	Dans la huitaine se faire connaître à l'administration. (Facultatif.)
Notification des offres. Dans la quinzaine, déclaration d'acceptation, ou, en cas de refus, des prétentions. Citation devant le jury dans les six mois du jugement d'expropriation. Réunion du jury et fixation de l'indemnité. Payement de l'indemnité avant la prise de possession, avec intérêt à dater de l'expiration des six mois de la décision du jury.	Présenter soi-même ou faire présenter ses observations sommairement avec des documents succincts.	

MANUEL PRATIQUE

ET JURIDIQUE

DES EXPROPRIÉS

POUR CAUSE D'UTILITÉ PUBLIQUE

PRÉLIMINAIRES

Le droit d'expropriation pour cause d'utilité publique paraît avoir existé dans tous les temps et dans tous les pays. La Bible contient un texte qui prouve que ce droit était en usage chez les Hébreux [1].

Avant la révolution de 1789, plusieurs ordonnances de nos rois usèrent du principe de l'expropriation pour permettre l'exécution de certains travaux d'utilité publique.

---

1. David ayant supplié Dieu de faire cesser une peste qui ravageait son peuple, l'ange du Seigneur commanda au prophète Gad de dire à David de dresser un autel au Seigneur dans l'aire d'Ornan le Jébuséen. *David obéit et demanda à Ornan de lui céder, moyennant un juste prix, une partie de son aire.* (*Paralip.*, lib. 1, cap. XXI, v. 22.)

Les lois de la révolution maintinrent ce principe, tout en le restreignant au cas de *nécessité* publique.

Lors de la rédaction du Code Napoléon, en 1804, le législateur édicta l'art. 545, qui forme aujourd'hui la base de la législation spéciale.

Cet article est ainsi conçu :

« Nul ne peut être contraint de céder sa propriété, si ce n'est pour cause d'utilité publique et moyennant une juste et préalable indemnité. »

PREMIÈRE PÉRIODE

AVANT L'ARRÊTÉ DE CESSIBILITÉ DU PRÉFET.

TRAVAUX POUR LESQUELS PEUT AVOIR LIEU L'EXPROPRIATION POUR CAUSE D'UTILITÉ PUBLIQUE.

L'expropriation pour cause d'utilité publique est aujourd'hui mise en usage pour des travaux de toute nature ; mais les formalités à observer sont différentes, suivant les travaux qu'il s'agit d'entreprendre.

La loi du 3 mai 1841, qui forme le code de la matière, s'applique :

A tous les grands travaux publics : routes impériales et départementales, canaux, chemins de fer, canalisation de rivières, bassins et docks, ponts, etc., entrepris par l'État, les départements, les communes, ou par compagnies particulières.

Elle s'applique notamment à tous les travaux d'embellissement qui transforment aujourd'hui la ville de Paris et les autres cités les plus considérables du territoire.

D'un autre côté, un décret de 1852 [1] accorde à l'administration, en cas d'expropriation pour l'élargissement, le redressement ou la formation des rues des villes qui s'y trouvent dénommées, le droit de :

Comprendre dans le projet la totalité des immeubles atteints, lorsqu'elle jugera que les parties restantes ne sont pas d'une étendue ou d'une forme qui permette d'y élever des constructions salubres;

D'y comprendre également des immeubles en dehors des alignements, lorsque leur acquisition est nécessaire pour la suppression d'anciennes voies publiques jugées inutiles.

Ces dispositions s'appliquent aux villes dont les noms suivent : Paris, Ajaccio, Amiens, Argentan, Armentières, Autun, Ay, Bar-sur-Aube, Bassée,

1. Décret du 26 mars 1852. — Voir également : nombreux décrets rendant le premier applicable à soixante-dix villes de France ; décret du 27 décembre 1858 complétant celui de 1852.

Bastia, Bayonne, Blois, Bordeaux, Boulay, Boulogne (Seine), Bourgouin, Brives, Caen, Cambrai, Châlon, Châteaulin, Cognac, Commercy, Compiègne, Douai, Fère (la), Fère-en-Tardenois, Gap, Grenoble, Laon, Lille, Lodève, Lyon, Mâcon, Mans (le), Mazères, Mer, Metz, Montpellier, Mulhouse, Nantes, Poissy, Pont-de-Vaux, Quimperlé, Rennes, Romorantin, Roubaix, Rouen, Saint-Amand, Saint-Germain-en-Laye, Saint-Omer, Saint-Quentin, Sainte-Menehould, Salernes, Sèvres, Sezanne, Soissons, Sotteville-lès-Rouen, Strasbourg, Thouars, Tonnerre, Toulon, Toulouse, Tournus, Valognes, Vannes, Vertus, Vervins, Vierzon et Vire.

Ces dispositions nouvelles, insérées non pas dans une loi, mais dans un simple décret, et par conséquent moins généralement connues du public, ont cependant une grande importance.

D'une part, elles peuvent servir à la salubrité des villes en évitant que des habitations ne soient construites sur des terrains trop peu considérables ; d'autre part, elles pourraient avoir pour effet de permettre aux administrations municipales de faire, dans l'intérêt de la ville, des spéculations fort avantageuses sur les terrains expropriés. Le plus souvent, ces administrations créent de nouvelles rues au lieu d'élargir des rues anciennes ; de cette manière, elles exproprient fréquemment des terrains de fonds, et, lorsqu'elles peuvent, en vertu du décret de 1852, comprendre dans l'expropriation des terrains situés en dehors de l'alignement de la voie nouvelle, elles constituent la ville propriétaire d'un terrain formant façade sur cette voie, c'est-à-dire ayant de suite acquis une plus-value considérable.

Seulement, un décret postérieur a permis aux parties intéressées de s'opposer à ce mode de procéder, et a tracé la règle à suivre, en ce cas, pour faire juger ces oppositions. (Voir page 7.)

AUTORISATION DES TRAVAUX.

La première formalité qui se présente en matière d'expropriation pour cause d'utilité publique, est l'autorisation des travaux.

Cette autorisation est donnée par une loi, après enquête administrative, pour :

Tous grands travaux publics : routes impériales, canaux, chemins de fer, canalisation de rivières, bassins et docks entrepris par l'État, les départements, les communes ou par compagnies particulières, avec ou sans péage, avec ou sans subside du Trésor, avec ou sans aliénation du domaine public.

Elle est donnée par décret, après enquête administrative, pour :

Les routes départementales, les canaux et les chemins de fer d'embranchement de moins de 20,000 mètres de longueur, les ponts et tous autres travaux de moindre importance [1].

La loi ou le décret portant autorisation des travaux peut désigner les localités ou territoires sur lesquels les travaux doivent avoir lieu; à défaut de cette désignation, il y est procédé par arrêté du préfet [2].

PLAN DES INGÉNIEURS. — DÉPOT A LA MAIRIE.

Ces formalités préliminaires observées, les ingénieurs ou autres gens de l'art chargés de l'exécution des travaux lèvent, pour la partie qui s'étend sur chaque commune, le plan parcellaire des terrains ou des édifices dont la cession leur paraît nécessaire [3].

Le plan desdites propriétés particulières, comprenant le plan des terrains ainsi que celui des constructions, et indiquant les noms de chaque propriétaire

1. Loi de 1841, art. 3.
2. Loi de 1841, art. 2, 2°.
3. Loi de 1841, art. 4.

tels qu'ils sont inscrits sur la matrice des rôles, est déposé à la mairie[1].

Lorsque l'Administration prétend user du décret de 1852 pour comprendre dans l'expropriation des immeubles situés en dehors des alignements, l'indication de ces parties doit être faite sur le plan[2].

Avis de ce dépôt est donné collectivement à toutes les parties intéressées, et publié à son de trompe ou de caisse dans la commune, et affiché tant à la principale porte de l'église du lieu, qu'à la maison commune; il est de plus publié dans un journal soit de l'arrondissement, soit du département[3]; pour Paris, il est publié par le *Moniteur universel*.

Cet avertissement doit faire mention du projet de l'Administration, lorsque celle-ci invoque l'exécution du décret de 1852[4].

Un procès-verbal est alors ouvert, et les parties intéressées sont, pendant huit jours à partir de l'avertissement dont nous venons de parler, admises à y faire consigner leurs observations[5].

Lorsqu'il s'agit de propriétés comprises dans l'expropriation en vertu du décret de 1852, les proprié-

1. Loi de 1841, art. 4.
2. Décret du 27 décembre 1858, art. 1er.
3. Loi de 1841, art. 6.
4. Décret du 27 décembre 1858, art. 1er.
5. Loi de 1841, art. 5, 6, 7.

taires doivent déclarer sur le procès-verbal d'enquête s'ils s'opposent à l'expropriation, et, dans ce cas, faire connaître leurs motifs.

Dans ce cas, l'expropriation de ces parcelles ne peut être autorisée que par un décret rendu en Conseil d'État.

Mais cette formalité ne s'applique qu'aux propriétés situées en dehors des alignements. Pour les autres, la procédure administrative de l'expropriation continue [1].

L'enquête terminée, une commission administrative se réunit, et reçoit pendant huit jours les observations des propriétaires [2].

Si la commission propose quelque changement au tracé indiqué par les ingénieurs, un nouvel avertissement est donné de la même manière que le premier, mais cette fois par le sous-préfet, aux propriétaires que ces changements peuvent intéresser. Pendant huit jours à dater de cet avertissement, le procès-verbal et les pièces restent déposés à la sous-préfecture, où les parties intéressées peuvent en prendre communication sans déplacement et sans frais, et fournir leurs observations écrites [3].

1. Décret de 1858, art. 2.
2. Loi de 1841, art. 9.
3. Loi de 1841, art. 10.

Dans ce cas, il est indispensable, avant que la procédure se suive, que l'administration supérieure ait statué sur les changements proposés ; elle est donc saisie de la question, et peut, suivant les circonstances, ou statuer définitivement, ou ordonner qu'il soit de nouveau procédé à tout ou partie des formalités que nous avons énumérées [1].

DEUXIÈME PÉRIODE

DEPUIS L'ARRÊTÉ DE CESSIBILITÉ DU PRÉFET JUSQU'AU JUGEMENT D'EXPROPRIATION.

ARRÊTÉ DE CESSIBILITÉ.

Lorsque les plans primitifs ou nouveaux sont approuvés définitivement, le préfet prend un arrêté motivé, par lequel il détermine les propriétés qui doivent être cédées, et indique l'époque à laquelle il sera nécessaire d'en prendre possession [2].

Cet arrêté ne constitue encore, pour les proprié-

---

1. Loi de 1841, art. 11.
2. Loi de 1841, art. 2 (3°) et art. 11.

1.

taires et locataires des immeubles désignés, qu'une
menace d'expropriation, car rien n'est définitif tant
que le jugement dont nous parlerons plus tard n'est
pas rendu.

Il n'empêche donc les propriétaires ni de faire des
baux nouveaux, ni de renouveler les anciens ; beaucoup de personnes se figurent que l'arrêté de cessibilité du préfet enlève au propriétaire la faculté de faire
des locations, et que celles consenties par lui à partir
de cette époque pourraient être valablement criti-
quées, devant le jury, par l'expropriant ; c'est là une
erreur capitale, contre laquelle nous ne saurions pré-
munir avec trop de soin les parties intéressées, puisqu'elle les empêche souvent d'user d'un droit parfaitement légitime. Mais cet arrêté constitue une menace
de nature à inquiéter les parties intéressées : il est
donc important qu'il soit pris conformément aux
règles spéciales de la loi ; ainsi, il ne peut pas sti-
puler que la prise de possession aura lieu avant le
paiement de l'indemnité à faire régler par le jury.

D'un autre côté, on comprend que les parties intéressées ne doivent pas rester perpétuellement dans la
crainte d'une expropriation toujours menaçante et
toujours incertaine. Aussi la loi donne-t-elle à tout
propriétaire dont l'immeuble est désigné dans l'arrêté
de cessibilité du préfet, le droit de présenter requête

au tribunal, si, dans l'année de l'arrêté du préfet, l'Administration ne poursuit pas l'expropriation [1].

TROISIÈME PÉRIODE

DEPUIS LE JUGEMENT D'EXPROPRIATION JUSQU'A LA COMPARUTION DEVANT LE JURY.

JUGEMENT D'EXPROPRIATION ET JUGEMENT DE DONNÉ ACTE. CONSÉQUENCES.

Après l'arrêté de cessibilité pris par le préfet, les pièces sont envoyées au procureur impérial, sur la réquisition duquel le tribunal prononce l'expropriation, pour cause d'utilité publique, des terrains ou bâtiments indiqués dans l'arrêté du préfet.

Dans le cas où les propriétaires expropriés consentent à la cession sans s'accorder avec l'Administration sur le prix de l'immeuble, le tribunal donne acte du consentement, et désigne le magistrat directeur du jury.

Enfin, dans le cas où une année s'écoulerait depuis

1. Loi de 1841, art. 14.

l'arrêté de cessibilité du préfet sans que ce dernier poursuivît l'expropriation, les propriétaires des terrains indiqués par l'arrêté ont le droit de présenter requête au tribunal. Cette requête est communiquée par le procureur impérial au préfet, qui doit envoyer les pièces dans le plus bref délai, et le tribunal statue dans les trois jours.

Ce jugement, soit qu'il prononce, soit qu'il refuse l'expropriation, n'est pas susceptible d'appel; c'est ce qui résulte d'un arrêt de la Cour suprême cassant un arrêt de Cour impériale, qui avait admis l'appel[1].

La seule voie de recours est le pourvoi en cassation, fondé uniquement sur l'incompétence, l'excès de pouvoir ou le vice de forme[2].

Ce jugement a une très-grande importance, car il règle définitivement la position respective de l'expropriant et de l'exproprié.

L'expropriant ne peut plus renoncer au bénéfice du jugement; que les travaux projetés s'accomplissent ou non, il est obligé de faire procéder au règlement de l'indemnité par le jury[3].

---

1. Cour de Cassation : 21 juin 1864. — *Contra*, Cour de Metz : 15 janvier 1863.
2. Loi de 1841, art. 20.
3. Cour de Cassation : 13 février 1861.

L'exproprié ne peut pas davantage s'opposer à l'exécution du jugement.

La possession de son immeuble lui reste jusqu'au paiement de l'indemnité, mais la propriété passe à l'expropriant.

Le jugement a pour effet immédiat de résoudre les baux comme tous les droits dont peut être grevé l'immeuble exproprié, et, par suite, d'ouvrir au profit des locataires le droit à une indemnité d'éviction[1].

Ce droit existe, pour les locataires, alors même que l'expropriant leur notifierait son intention de respecter leurs baux, et de les laisser jouir paisiblement des lieux loués jusqu'à l'expiration du temps convenu[2].

L'effet du jugement d'expropriation s'applique même aux parties d'immeubles non atteintes par l'exécution des travaux publics, alors que l'expropriation a été étendue à la totalité des immeubles, en vertu du décret de 1852. (Voir pag. 3.)

Lorsque, comme nous l'avons vu plus haut, la cession amiable par le propriétaire à l'expropriant, rend inutile le jugement d'expropriation, cette cession

---

1. Cour de Cassation : 9 août 1864.
2. Cour de Cassation : 16 avril 1862.

produit les mêmes effets que le jugement vis-à-vis des
locataires dont elle résout les baux et au profit desquels elle ouvre le droit à une indemnité[1].

PRISE DE POSSESSION D'URGENCE.

En principe général, après le jugement d'expropriation, l'Administration doit remplir les formalités
nécessaires pour arriver au règlement de l'indemnité,
et ce n'est qu'après le règlement et le payement de
cette indemnité, qu'elle peut prendre possession des
localités expropriées.

Cependant, la loi a prévu le cas où il y aurait une
grande urgence à ce que l'Administration se mît en
possession.

Dans ce cas, l'urgence est spécialement déclarée
par un décret[2].

Lorsque le jugement d'expropriation est rendu, le
décret qui déclare l'urgence et le jugement sont no-
tifiés au propriétaire et aux détenteurs avec assignation devant le tribunal civil; l'assignation donnée à
trois jours au moins doit énoncer la somme offerte
par l'Administration[3].

1. Cour de Paris : 7 mai 186i et 11 août 1862. — Cour de
Cassation : 2 août 1865.
2. Loi de 1841, art. 65.
3. Loi de 1841, art. 66.

Au jour fixé par l'assignation, le propriétaire et les détenteurs sont tenus de déclarer la somme dont ils demandent la consignation avant l'envoi en possession; faute par eux de comparaître, il est procédé en leur absence[1].

Le tribunal fixe le montant de la somme à consigner; cette somme doit comprendre, outre le principal, celle nécessaire pour assurer, pendant deux ans, le payement des intérêts à 5 p. 100.

Sur le vu du procès-verbal de consignation et sur une assignation à deux jours de délai au moins, le président ordonne la prise de possession en taxant les dépens, qui sont toujours à la charge de l'Administration[2].

Le jugement du tribunal et l'ordonnance du président sont exécutoires par provision et ne peuvent être attaqués par opposition ni appel[3].

Il est à remarquer que la prise de possession d'urgence ne peut-être prononcée que pour les terrains *non bâtis*. Aussi la Cour de Cassation a-t-elle déclaré susceptible de recours en cassation le jugement qui, au cas d'expropriation d'urgence, statue sur une question préjudicielle, notamment sur celle de savoir

1. Loi de 1841, art. 67.
2. Loi de 1841, art. 70 et 72.
3. Loi de 1841, art. 71.

si le terrain dont la prise de possession a été autorisée est ou non un terrain bâti[1].

Dans la huitaine qui suit la notification faite au propriétaire du jugement d'expropriation, ce dernier doit dénoncer à l'expropriant les fermiers et les locataires, ceux qui ont des droits d'usufruit, d'habitation ou d'usage, enfin ceux qui peuvent réclamer des servitudes résultant des titres mêmes du propriétaire ou d'autres actes dans lesquels il serait intervenu[2].

Mais le propriétaire n'est pas tenu de dénoncer les sous-locataires[3].

OFFRES PAR L'EXPROPRIANT. — DEMANDES PAR L'EXPROPRIÉ.

Toutes les parties intéressées une fois connues de l'expropriant, celui-ci doit leur notifier les sommes qu'il offre pour indemnités. La loi ne fixant aucune limite aux offres à faire par l'expropriant, la modicité des offres (par exemple 1 franc) n'en entraîne pas la nullité[4]. Nous devons faire observer que le montant des offres judiciaires faites par l'expropriant n'est jamais la représentation exacte de la somme qu'il

1. Cour de Cassation : 29 août 1864.
2. Loi de 1841, art. 21.
3. Cour de Paris : 11 août 1862. — Cour de Cassation : 9 mars 1864.
4. Cour de Cassation : 1er juin 1864.

apprécie lui-même devoir à l'exproprié. Obligé de faire ses offres avant de connaître les prétentions de l'exproprié, il fixe toujours une somme relativement insignifiante, sauf à l'élever dans une proportion considérable, soit devant la commission spéciale, s'il s'agit d'un arrangement amiable, soit devant le jury, s'il n'y a pas eu transaction. Ces offres sont ensuite publiées et affichées de la même manière que l'avertissement, donné aux parties intéressées, de prendre communication du plan parcellaire déposé à la mairie[1] (pag. 7).

Dans la quinzaine, les expropriés doivent faire connaître s'ils acceptent, ou indiquer le montant de leurs prétentions[2]. Mais les expropriés peuvent se dispenser de le faire et attendre leur comparution devant le jury pour fixer le chiffre auquel ils prétendent avoir droit.

Les offres de l'expropriant peuvent être modifiées par lui, sans qu'un nouveau délai de quinzaine les sépare de la comparution devant le jury[3].

1. Loi de 1841, art. 23.
2. Loi de 1841, art. 24.
3. Cour de Cassation : 6 mars 1861.

CONVOCATION, PAR L'EXPROPRIANT, DES EXPROPRIÉS DEVANT LE JURY.

Ces formalités remplies, l'expropriant doit convoquer les expropriés devant le jury spécial, à l'effet de faire régler le montant des indemnités[1]. La Cour de Cassation a même décidé que, au cas où l'un des copropriétaires d'un immeuble indivis exproprié n'a reçu ni notification d'offres, ni assignation devant le jury, alors que cependant tous les copropriétaires étaient inscrits à la matrice cadastrale et désignés au jugement d'expropriation, la décision du jury est nulle pour le tout, même à l'égard de ceux des copropriétaires avec lesquels elle est intervenue[2].

DROIT POUR LES EXPROPRIÉS DE FAIRE CONVOQUER UN JURY.

Si l'expropriant n'appelle pas les expropriés devant le jury, dans les six mois du jugement d'expropriation, les expropriés ont le droit de faire convoquer un jury[3].

A cet effet ils doivent présenter une requête, soit

1. Loi de 1841, art. 28.
2. Cour de Cassation : 26 novembre 1862.
3. Loi de 1841, art. 55.

au premier président de la Cour impériale, soit au président du tribunal civil, selon que l'expropriation a lieu dans un département formant le siége d'une Cour impériale, ou dans un département formant le siége d'un tribunal[1].

QUATRIÈME PÉRIODE

OPÉRATIONS DU JURY. — DÉLIBÉRATION. — DÉCISION.

Le jury est composé suivant des règles tracées avec soin par le législateur.

Dans sa session annuelle, le conseil général du département désigne, pour chaque arrondissement de sous-préfecture, tant sur la liste des électeurs que sur la seconde partie de la liste du jury, trente-six personnes au moins et soixante-douze au plus, qui ont leur domicile réel dans l'arrondissement, parmi lesquelles sont choisis jusqu'à la session suivante du conseil général, les membres du jury spécial. Le nombre des jurés désignés pour le département de la Seine sera de six cents[2].

1. Loi de 1841, argument de l'art 30.
2. Loi de 1841, art. 29.

Toutes les fois qu'il y a lieu de recourir à un jury spécial, la première chambre de la Cour impériale, dans les départements qui sont le siége d'une Cour impériale, et, dans les autres départements, la première Chambre du tribunal du chef-lieu judiciaire, choisit en la Chambre du conseil, sur la liste dressée pour l'arrondissement dans lequel ont lieu les expropriations, seize personnes qui forment le jury spécial, chargé de fixer définitivement le montant de l'indemnité, et, en outre, quatre jurés supplémentaires [1].

La discussion devant le jury a lieu en audience publique [2].

Le magistrat directeur met sous les yeux du jury :

1° Le tableau des offres de l'expropriant et des demandes des expropriés ;

2° Les plans parcellaires et les titres ou autres documents produits par les parties à l'appui de leurs offres et de leurs demandes [3].

Les parties ou leurs défenseurs sont autorisés à présenter des observations orales. La Cour de Cassation a décidé avec beaucoup de raison, suivant nous, que le magistrat directeur ne pouvait, sans excès de pouvoir, interrompre l'avocat de l'exproprié, par des

1. Loi de 1841, art. 30.
2. Loi de 1841, art. 37.
3. Loi de 1841, art. 37.

observations exprimant son opinion personnelle sur l'affaire[1].

Le jury peut entendre toutes les personnes qu'il croit pouvoir l'éclairer[2].

Il peut aussi se transporter sur les lieux ou déléguer à cet effet un ou plusieurs de ses membres[3].

Dans la discussion devant le jury les offres de l'expropriant et les demandes des expropriés peuvent être modifiées[4].

Le propriétaire peut même user devant le jury du droit que lui accorde la loi, de demander l'expropriation totale de l'immeuble :

Si l'acquisition d'une partie des *bâtiments* est nécessaire pour le travail projeté ;

Si, par suite de l'expropriation, la parcelle du *terrain* morcelé se trouve réduite au quart, mais dans le cas seulement où le propriétaire ne possède aucun terrain immédiatement contigu et où la parcelle ainsi réduite est inférieure à dix ares[5].

La réquisition d'acquisition totale peut être adres-

---

1. Cour de Cassation : 18 décembre 1861.
2. Loi de 1841, art. 37.
3. Loi de 1841, art. 37.
4. Cour de Cassation : 18 décembre 1861.
5. Loi de 1841, art. 50.

sée au magistrat, directeur du jury, ou notifiée par l'exproprié à l'expropriant[1].

Ce droit appartient non-seulement au propriétaire, mais encore au locataire, et, dans ce cas, l'expropriant est substitué au locataire à l'égard du propriétaire, dans les droits et charges dérivant du bail[2]. Cela est juste, car l'intérêt du locataire peut, dans certains cas, être opposé à celui du propriétaire, et l'équité exige que le droits du locataire ne soit pas sacrifié à l'avantage du propriétaire.

L'expropriant étant substitué au locataire, à l'égard du propriétaire, dans les droits et charges du bail, tous les intérêts se trouvent sauvegardés, puisque la position du propriétaire ne se trouve pas changée par l'expropriation consommée sur la demande du locataire.

INDEMNITÉ. — PRINCIPE DE LA LOI.

Lorsque l'exproprié comparaît devant le jury, il a le droit de demander une indemnité qui compense *tout* le préjudice souffert par lui.

1. Cour de Cassation : 10 avril 1861; 1er juillet 1862: 2 août 1865.

2. Cour de Paris : 6 mai 1854.

En effet, s'il se voit obligé de céder sa propriété ou sa location dans l'intérêt d'un grand travail public, il doit tout au moins être indemnisé des pertes que va lui causer l'expropriation et des bénéfices dont elle va le priver.

Sans doute, le jury ne devra pas faire entrer en ligne de compte, dans la fixation de l'indemnité, l'intérêt d'affection que l'exproprié pouvait avoir pour les localités qu'il abandonne, le désagrément moral qu'il éprouvera de quitter une maison pleine de doux ou pénibles souvenirs; mais il doit, pour être juste, se montrer large dans l'appréciation du dommage matériel.

Il ne faut pas, qu'après la décision du jury, l'exproprié se trouve plus pauvre ou moins riche qu'avant l'expropriation; celui-ci doit être placé dans la position pécuniaire où il était avant la cession forcée, soit de sa propriété, soit de sa jouissance.

La loi, conforme au bon sens et à l'équité, le veut ainsi. Elle ne se contente pas d'accorder à l'exproprié la *valeur* de ce qu'il perd; elle lui concède le droit à une *indemnité*, c'est-à-dire à la compensation de tous les avantages dont il est privé.

C'est ce que disait, dans son noble langage, Me Berryer, notre illustre et vénéré confrère, plaidant, le 13 janvier 1863, pour un exproprié (M. Andry) de-

vant le jury d'expropriation du département de la
Seine.

« *Indemnité* et *valeur* sont-ils synonymes? non; car alors
·le texte de la loi porterait le mot *valeur*, et non le mot *indemnité*.

« Eh! Messieurs, j'avais l'honneur de faire partie de nos
anciennes assemblées législatives, lorsque cette loi du 3 mai
1841 fut votée, et je me rappelle parfaitement le motif qui
fit choisir le mot *indemnité*. En accordant le droit juste,
mais exorbitant d'exproprier, il nous a semblé que l'intérêt
privé devait s'effacer devant l'intérêt général, mais à la
condition d'indemniser le citoyen exproprié, c'est-à-dire à
condition de le remettre après l'expropriation dans une
situation, sinon identique, du moins analogue à celle qu'il
avait auparavant. Or donc, si ma maison, vieille de style,
mais ferme sur sa base, réunit pour moi tous les charmes
d'une commodité inappréciable; si cette maison, dans laquelle vit toute une famille, où je puis recevoir mes parents
et amis de province pendant plusieurs mois, dans laquelle
j'ai un grand cabinet, deux salons, un billard, un jardin, en
un mot, je le répète, une vie heureuse... si cette maison
ne vaut que 100,000 francs, ce n'est pas 100,000 fr. que je
demande seulement; je demande la somme qu'il me faudra
dépenser pour retrouver ailleurs, dans le même quartier,
une habitation qui me procure les mêmes jouissances, où
j'aurai le même nombre de pièces, la même étendue de terrain. Voilà le prix que je vous demande, l'indemnité que
j'exige, et je vous le répète, je ne compte pour rien les chers
souvenirs d'une maison qui m'a vu naître, qui a vu mourir
mes parents aimés, qui a vu s'écouler ma jeunesse. Si je
comptais tout cela, vous ne pourriez pas me le payer, car
cela, rien ne pourra me le rendre. Ce que je ne vous de-

mande pas encore, c'est le temps si précieux perdu pour
M. Andry et qu'il perdra pour transporter et remettre en
ordre une bibliothèque considérable, plus de quinze mille
volumes.

« Quant à moi, Messieurs, depuis trente-sept ans, j'ha-
bite rue Neuve-des-Petits-Champs, 64; depuis trente-sept
ans, je place avec un ordre à moi connu les livres, les brochures que j'ai reçus, dont j'ai besoin, que je considère
comme indispensables à mes travaux, à mes plaisirs, à mes
études.

« Littérature, politique, jurisprudence, tout est amassé
par moi et chez moi. J'ai besoin d'avoir toujours sous la
main ces livres auxquels je recours si souvent. Eh bien! si
j'étais atteint par l'expropriation, que ferais-je? que deman-
derais-je? Je n'en sais rien; mais ce que je sais bien, c'est
que j'aurais besoin d'une année pour faire un peu d'ordre
au milieu de ce chaos que me causerait un déménagement.
Bien des publications auxquelles je suis attaché s'égareraient,
et je perdrais le souvenir que j'ai aujourd'hui des livres que
je chéris, des places qu'ils occupent et que ma mémoire se
rappelle encore, parce que j'étais jeune alors. Je perdrais
une année, vous dis-je. Eh bien! que me donnerait-on en
échange? que vaudrait pour moi une année de ma vie? »

Le principe général une fois posé, nous croyons
devoir examiner les règles qui s'appliquent tout à la
fois aux indemnités réclamées par les propriétaires
et à celles réclamées par les locataires, pour rechercher ensuite les divers éléments d'appréciation que
chaque catégorie d'expropriés peut soumettre au jury.

Mais nous devons présenter de suite une observa-

tion importante. L'expropriant a, comme on le sait,
un délai de six mois à partir de la décision du jury,
pour payer à l'exproprié l'indemnité qui lui est
allouée. Or, il est de toute justice que ce dernier fasse
entrer en ligne de compte, dans l'indemnité qu'il
réclame, les intérêts, pendant ces six mois, de la
somme qui doit lui être allouée. L'indemnité est due
le jour de la décision du jury; si un délai *de grâce*
de six mois est accordé à l'expropriant, celui-ci ne
doit pas moins tenir compte à l'exproprié des six mois
d'intérêts perdus pour lui.

INDEMNITÉ UNIQUE. — INDEMNITÉS DISTINCTES.

D'après la loi spéciale sur les expropriations, le
jury prononce des indemnités distinctes en faveur des
parties qui les réclament à des titres différents,
comme propriétaires, fermiers, locataires, usagers,
et autres intéressés [1].

Mais rien n'empêche que les parties réclament ensemble une seule et unique indemnité, sauf à s'entendre
plus tard entre elles sur la répartition de l'indemnité qui sera allouée. C'est là une convention parfaitement licite de la part des expropriés; d'ailleurs cette

---

1. Loi de 1841, art. 39.

convention ne peut causer aucun préjudice à l'expropriant; peu lui importe que la propriété soit frac-
tionnée par la division des droits, ou qu'elle soit
recomposée par leur réunion, il n'aura jamais à payer
que la valeur de la propriété complète. Il faut même
reconnaître qu'une telle convention a pour avantage
de faciliter les opérations du jury [1].

Mais les parties intéressées, même à un titre semblable, — par exemple des propriétaires indivis d'un
même immeuble,— peuvent demander des indemnités
distinctes, et dans ce cas elles ont le droit de faire
fixer l'indemnité pour chacune d'elles séparément [2].

Le même exproprié peut, d'un autre côté, former
des chefs distincts de demande pour les différents
préjudices allégués par lui, sauf au jury à réunir tous
les chefs en une seule indemnité [3].

INDEMNITÉS ALTERNATIVES.

Il arrive souvent que, lors de la discussion devant
le jury, l'expropriant et l'exproprié ne sont pas d'accord sur la qualité du réclamant et sur l'étendue de
ses droits.

1. Cour de Cassation : 29 août 1854 et 15 décembre 1856.
2. Cour de Cassation : 6 janvier 1857 et 3 février 1858.
3. Cour de Cassation : 4 juillet 1854 ; 26 décembre 1854 ;
5 mai 1856; 24 juin 1857 et 16 décembre 1861.

Dans le cas où il s'élève une contestation sur le point de savoir si l'exproprié est recevable à demander l'acquisition totale d'un terrain partiellement exproprié, il y a lieu de demander deux indemnités alternatives : l'une pour le cas d'acquisition totale; l'autre pour le cas d'acquisition partielle[1].

Mais il n'en est plus de même lorsque l'exproprié requiert l'acquisition totale de l'immeuble compris en partie seulement dans l'expropriation, lorsque sa réquisition n'est pas contestée par l'expropriant[2].

Il y a lieu à deux indemnités alternatives :

En cas de contestation entre l'expropriant et l'exproprié, sur le point de savoir si l'indemnité est due pour la surface seulement, ou pour la surface et le tréfonds[3];

Lorsque l'immeuble à exproprier est l'objet d'un procès non terminé entre l'exproprié et des propriétaires voisins qui prétendent avoir certaines servitudes sur cet immeuble[4];

Lorsqu'un jugement qui donne acte à un propriétaire de son consentement à la démolition de sa maison, pour sa mise à l'alignement, renvoie devant

---

1. Cour de Cassation : 25 août 1856 et 1er juillet 1863.
2. Cour de Cassation : 28 décembre 1859.
3. Cour de Cassation : 22 juin 1852 et 22 août 1853.
4. Cour de Cassation : 22 avril 1856.

le jury à l'effet de fixer les indemnités dues, tant au propriétaire qu'aux locataires pour éviction totale. En effet, ce jugement, rendu vis-à-vis du propriétaire seul, n'a pas autorité de la chose jugée vis-à-vis des locataires, sur le point de savoir si l'éviction est totale ou partielle, et n'enlève pas aux locataires le droit de demander le maintien du bail avec indemnité pour éviction partielle[1];

Lorsque la validité d'un bail ou d'un renouvellement de bail dont excipe un locataire exproprié est contestée, ou que l'expropriant prétend que, par une circonstance particulière (par exemple, comme ayant été consenti postérieurement au décret d'expropriation) ce bail ne peut lui être opposé, et que le locataire ne saurait y trouver une cause d'indemnité; il y a lieu, dans cette hypothèse, à deux indemnités alternatives : l'une pour le cas où le bail serait jugé opposable à l'expropriant; l'autre pour le cas où le bail serait annulé et où le locataire n'aurait ainsi qu'une location purement verbale[2].

1. Cour de Cassation : 27 février 1854.
2. Cour de Cassation : 28 janvier et 14 avril 1857.

INDEMNITÉ HYPOTHÉTIQUE.

Lorsque l'expropriant conteste au détenteur exproprié tout droit à une indemnité, l'exproprié n'en a pas moins le droit de réclamer l'indemnité qu'il prétend lui être due, et de se la faire allouer par le jury; seulement il est obligé de faire juger plus tard par les tribunaux ordinaires auxquelles la contestation est renvoyée la question de savoir si l'indemnité doit lui appartenir[1].

C'est ce qui arriverait, par exemple, si l'expropriant prétendait que le réclamant qui intervient devant le jury n'était pas compris dans l'expropriation[2].

INDEMNITÉ RÉCLAMÉE PAR LE PROPRIÉTAIRE.

Les propriétaires sont ordinairement connus de l'expropriant, parce qu'ils sont inscrits sur la matrice des rôles; aussi leurs noms doivent-ils être indiqués sur le plan parcellaire des propriétés à exproprier[3].

---

1. Loi de 1841, art. 39 et 49.
2. Cour de Cassation : 2 août 1865.
3. Loi de 1841, art. 5.

Mais il est possible que, par suite de la vente de l'immeuble, la personne inscrite sur la matrice des rôles ne soit plus propriétaire au moment où l'expropriation a lieu.

C'est alors au propriétaire actuel à faire connaître sa qualité à l'expropriant pour que la procédure spéciale puisse se suivre vis-à-vis de lui.

Il a été jugé à cet égard par la Cour de Cassation que l'on devait regarder comme ayant fait suffisamment connaître sa qualité en temps utile le propriétaire qui, bien que ne figurant pas sur la matrice cadastrale, a fait, dès qu'il a été question de l'expropriation et d'accord avec son auteur immédiat inscrit sur cette matrice, connaître sa situation avant le jugement d'expropriation, et par conséquent dans les délais fixés par la loi.

La Cour ajoute que, spécialement à Paris, la preuve de cette déclaration et de la connaissance qu'en avait l'expropriant se trouve suffisamment établie par cette double circonstance : que le véritable propriétaire a été appelé à remettre à l'agent voyer les renseignements nécessaires pour la fixation du prix de son indemnité, et qu'à plus forte raison la preuve de la connaissance du véritable exproprié par l'expropriant est manifeste quand, sur le tableau des offres officielles, le nom du propriétaire actuel figure à côté de celui de l'ancien propriétaire inscrit sur le cadastre [1].

Nous devons faire de suite observer que le propriétaire aurait tort de regarder comme pouvant lui être défavorable la concession de baux passés par lui. Les indemnités dues au propriétaire et aux locataires ont pour base des éléments complétement différents; l'une ne saurait nuire à l'autre. Le propriétaire a, au contraire, tout avantage à prouver devant le jury que son immeuble est loué en totalité, une propriété ayant incontestablement une valeur plus grande lorsque le revenu en est fixé par des baux.

Eléments de l'indemnité. — Le propriétaire qui est exproprié peut fournir au jury des éléments divers pour l'appréciation de l'indemnité réclamée par lui.

Valeur vénale de l'immeuble. — Il a tout d'abord le droit de demander la valeur du terrain bâti ou non bâti dont il va être privé.

Cette valeur peut, on le comprend, varier à l'infini, selon les cas.

S'il s'agit d'un terrain non bâti, il faut examiner :

---

1. Arrêt du 13 décembre 1865.

quelle est sa nature et quelle est sa position ; s'il est propre à la culture, et, dans ce cas, quelle est la qualité de la terre, son état d'entretien, la production à laquelle elle est favorable, etc.

S'il s'agit de terrains bâtis, il faut rechercher : quelle est l'importance des constructions, leur rapport actuel ou susceptible d'augmentation, leur état d'entretien et d'appropriation à des locations plus ou moins avantageuses, en ayant soin, bien entendu, de déduire du rapport total de l'immeuble les charges annuelles de manière à avoir le revenu net.

Pour les deux natures de propriétés, il est bon de consulter la matrice des rôles des contributions directes, foncières, mobilières, des portes et fenêtres, etc., de manière à connaître la valeur fixée par l'administration des contributions, tout au moins au point de vue de l'impôt ; seulement on sait que cette administration estime d'ordinaire à une valeur moindre que la valeur réelle. On peut aussi consulter utilement les ventes les plus récentes de terrains ou de propriétés bâties situés dans les environs de la propriété expropriée et se trouvant dans des conditions à peu près identiques.

En effet, la valeur que doit fixer le jury n'est pas la valeur intrinsèque seulement, c'est la valeur vénale, c'est-à-dire le prix que le propriétaire

pourrait obtenir s'il vendait son immeuble à l'a-
miable.

Tel est le principe universellement admis devant
le jury dans toutes les affaires d'expropriation.

Il été a consacré judiciairement par la Cour de Toulouse à une époque, il est vrai, où l'indemnité était
appréciée par les tribunaux ordinaires; mais cette
décision n'en conserve pas moins toute sa force, et
nous croyons devoir en donner le texte parce qu'elle
pose très-nettement les bases de l'appréciation à faire
par le jury.

« Attendu, dit la Cour, que tout propriétaire dépossédé
pour cause d'utilité publique doit être indemnisé préalable-
ment; — Attendu que si le rapport des experts chargés d'es-
timer l'indemnité due au sieur Grenier Mortis a basé leur
estimation sur la valeur matérielle seulement de la maison,
tandis que, par la situation et les localités, elle doit avoir
nécessairement un prix supérieur, le Tribunal de première
instance, n'étant pas obligé de suivre leur opinion, a dû
ajouter au prix par eux fixé une somme propre à porter la
maison *à la véritable valeur qu'elle aurait eue entre particuliers...* [1] »

En résumé, pour apprécier la valeur vénale d'une
propriété immobilière, il existe plusieurs éléments

---

1. 8 juille 1830.

qui peuvent servir ensemble ou séparément de guide pour le jury.

On peut rechercher quelle est la valeur intrinsèque de la propriété.

On peut aussi capitaliser le revenu qu'elle produit.

On peut enfin additionner ces deux résultats et en prendre la moitié.

Le premier système doit être suivi, par exemple, dans le cas où un terrain non bâti n'est pas occupé et se trouve par conséquent improductif.

Il y a lieu, au contraire, de recourir au second système si la propriété est louée à sa valeur réelle.

Enfin, le troisième système a l'avantage d'établir une moyenne équitable entre la valeur intrinsèque et la valeur locative.

Constructions, plantations, améliorations. — L'indemnité doit s'appliquer à tout ce qui fait partie de la propriété immobilière, notamment aux constructions et plantations; elle doit s'appliquer également à tous les objets réputés immeubles par destination : ou parce qu'ils ont été placés sur le fonds par le propriétaire pour le service et l'exploitation de ce fonds, ou parce qu'ils y ont été attachés à perpétuelle demeure[1]. Dans ces objets doivent être compris, par

1. Code Nap., art. 524 et 525.

exemple, les animaux attachés à la culture, les ustensiles aratoires, les semences données aux fermiers ou colons partiaires, les pigeons des colombiers, les lapins des garennes, les ruches à miel, les poissons des étangs, les pressoirs, les chaudières, les alambics, les cuves et les tonnes; les ustensiles nécessaires à l'exploitation des forges, papeteries et autres usines; les objets scellés au mur avec du plâtre, de la chaux ou du ciment, ceux qui ne peuvent être détachés sans être fracturés et détériorés, ou sans briser ou détériorer la partie du fonds à laquelle ils sont attachés. Ainsi la Cour de Paris a décidé, avec raison suivant nous, que les glaces d'un appartement, non scellées dans le mur, ne sont pas comprises dans l'expropriation, et peuvent par conséquent être enlevées, même après la décision du jury, par l'exproprié[1].

Il est un seul cas où les constructions, plantations et améliorations ne donnent lieu à aucune indemnité; c'est celui où le jury, soit à raison de l'époque où elles ont été faites, soit à raison de toutes autres circonstances dont l'appréciation lui est abandonnée, acquiert la conviction qu'elles l'ont été dans la vue d'obtenir une indemnité plus élevée[2].

---

1. Cour de Paris : 6 janvier 1865.
2. Loi de 1844, art. 52.

Le sol et le tréfonds. — Le propriétaire a également le droit d'exiger que l'expropriation porte tout à la fois sur le sol et le sous-sol ou tréfonds, car le sous-sol est une partie intégrante de la propriété immobilière. Le propriétaire ayant, comme nous l'avons vu (page 13), le droit d'exiger que l'expropriation faite partiellement par l'expropriant soit étendue à toute la propriété, il a incontestablement la faculté de réclamer l'expropriation du tréfonds aussi bien que de la superficie [1].

Force motrice. — En vertu du même principe, le propriétaire a le droit de faire apprécier par le jury la valeur d'une force motrice d'usines empruntée aux eaux surabondantes d'un cours d'eau du domaine public, lorsque cette force motrice est devenue une propriété privée par l'effet d'une concession perpétuelle. Ce point de droit est important pour les expropriés, puisqu'il leur permet de faire fixer l'indemnité par le jury au lieu de porter leur demande devant la juridiction administrative. Il résulte d'un arrêt récent de la Cour de Cassation [2].

Cette décision présente d'autant plus d'intérêt,

---

1. Cour de Paris : 26 juillet 1864.
2. Cour de Cassation : 2 août 1865.

qu'elle semble repousser une distinction, bien erronée, suivant nous, faite par le Conseil d'État en matière d'expropriation d'usines.

Il est admis par la jurisprudence aujourd'hui
constante du Conseil d'État, que la suppression totale
ou partielle de la force motrice d'une usine établie
sur un cours d'eau non navigable ni flottable, ne
constitue qu'un simple dommage de la compétence de
l'autorité administrative [1].

Mais on s'est demandé si cette jurisprudence devait
s'appliquer au cas où il y aurait expropriation de
l'usine et des terrains en dépendant. Le Conseil
d'État, saisi de cette question, a décidé qu'en pareil
cas l'autorité administrative devait régler l'indemnité
due au propriétaire pour la force motrice, et le jury
celle due pour les bâtiments [2]. Cette distinction était
alors très-nettement repoussée par M. le commissaire
du Gouvernement.

« En thèse générale, disait ce magistrat, nous reconnais-
sons que la distinction du dommage et de l'expropriation est
fondée lorsqu'on laisse à l'usinier son bâtiment, son mécanisme, une certaine force motrice; si l'on supprime la force
motrice, il peut la remplacer par une machine à vapeur, un
manége, etc.; mais lorsque vous supprimez tout, bâtiment,
mécanisme, force motrice, la distinction de l'expropriation

1. Conseil d'État : 27 août 1857 et 15 mai 1858.
2. Arrêt du 27 août 1857.

et du dommage est puérile. Il ne reste rien, absolument rien de l'établissement : où est l'élément de distinction ? »

Le dernier arrêt de la Cour de Cassation semble se ranger à cette doctrine en décidant que le règlement de l'indemnité afférente à la force motrice supprimée, dont il s'agissait, devait être fait par le jury, dès que les usines et les terrains s'y rattachant étaient expropriés, s'agissant là d'un tout indivisible.

Usine, mine, carrière. — Du principe que l'expropriant est tenu de payer la valeur de tout ce qui compose la propriété, il résulte évidemment qu'il doit le prix d'une usine, d'une mine ou d'une carrière qui se trouve dans le fonds exproprié.

Mais, pour cela, est-il nécessaire que l'usine, la mine ou la carrière soit exploitée, ou suffit-il qu'elle existe sans être exploitée au moment où a lieu l'expropriation?

Il y a, suivant nous, dans ce cas, une appréciation et une distinction à faire. Sans doute, lorsque l'usine, la mine, la carrière n'est pas en activité, ou lorsqu'une chute d'eau n'est pas utilisée, le propriétaire n'a pas droit d'obtenir une indemnité aussi forte que s'il faisait produire à son immeuble tous les résultats qu'il pourrait en attendre.

Mais nous ne saurions admettre, pour notre part, que le jury ne dût pas prendre en considération, tout

au moins dans une certaine limite, la partie de l'immeuble non utilisée par le propriétaire.

Si celui-ci était resté détenteur de son immeuble,
il aurait peut-être, plus tard, utilisé la chute d'eau
ou la mine, la carrière, etc., soit en cédant le droit
de s'en servir, soit en s'en servant lui-même.

D'un autre côté, s'il avait vendu sa propriété à un
particulier, il aurait évidemment fait entrer dans
l'appréciation de la valeur de l'immeuble la chose
non utilisée, mais utilisable, qui pouvait devenir une
cause de fortune pour un acquéreur plus riche ou
plus entreprenant. Or, ce que le propriétaire aurait
eu le droit de demander à un acquéreur, il a également le droit de le demander à l'expropriant.

C'est ensuite au jury à faire une appréciation équitable de ce qui peut être dû dans ce cas.

Tels sont, en résumé, les éléments qui constituent
la valeur vénale de l'immeuble exproprié, c'est-à-dire
le chef le plus important des indemnités à réclamer
par le propriétaire.

Indemnité de remplacement. — A côté de ce premier élément d'indemnité s'en place un autre qui
nous semble, quant à nous, aussi incontestable; c'est
celui que l'on appelle d'ordinaire *indemnité d'éviction et de remploi* ou *de remplacement.*

Il est évident qu'en recevant de l'expropriant le prix exact qu'il aurait obtenu d'un tiers, le propriétaire ne se trouve pas suffisamment indemnisé.

Dans le cas d'expropriation, il abandonne forcément sa propriété ; il en est évincé alors que peut-être il ne trouvera pas facilement une occasion de remplacer son immeuble ; il est obligé de prendre le soin de placer ses capitaux, devenus improductifs ; il ne peut le faire que d'une manière provisoire, et doit s'attendre à une certaine perte momentanée d'intérêts. D'un autre côté, lorsqu'il voudra racheter un immeuble, il devra supporter des frais d'actes, des honoraires de notaires et des droits d'enregistrement considérables. Il est donc juste qu'il soit indemnisé de ce chef par l'expropriant. C'est ce qui a lieu d'ordinaire, et le plus généralement on estime cette indemnité particulière au dixième de la valeur donnée à l'immeuble.

Ferme. — Valeur des récoltes. — Mais là ne s'arrêtent pas les chefs de demandes que le propriétaire peut former devant le jury.

Ainsi, il a le droit de réclamer la valeur des récoltes lorsque l'expropriation de terres cultivées a lieu avant l'époque de la maturité ; il n'en serait plus de même si la prise de possession n'avait lieu, conformément au jugement d'expropriation, que postérieurement à l'époque où il eût dû faire sa récolte.

Dépréciation d'une partie non expropriée de l'immeuble. — Le propriétaire a également le droit de demander une indemnité pour le cas où la partie non expropriée de sa propriété éprouve une dépréciation; c'est là un point reconnu constant, et qui ne saurait être, en effet, l'objet d'aucune contestation sérieuse.

Il est bien évident que si, par suite de l'expropriation, la partie conservée perd de sa valeur; s'il faut, d'un autre côté, faire des dépenses plus ou moins considérables pour la raccorder aux travaux entrepris par l'expropriant; si enfin le propriétaire se trouve, par suite de l'expropriation, privé d'un droit de passage, de puisage, etc., qui profitait à sa propriété tout entière, il ne sera pas suffisamment indemnisé par la valeur vénale de la partie expropriée.

Ce principe avait été proclamé devant la Chambre des Députés, dès 1833.

« Constamment, disait M. Duguilhon-Pujol, l'Administration a contesté l'étendue du mot *indemnité*. Elle a soutenu que l'indemnité due n'était que la valeur vénale du sol mais non la dépréciation du sol restant. Ces prétentions ont tou-

jours été repoussées par les tribunaux, parce qu'ils ont pensé
que l'indemnité, pour être juste, doit être complète. En
effet, le mot *indemnité* ne veut pas dire prix vénal de l'immeuble, il veut dire aussi le dédommagement dû au propriétaire par suite de sa dépossession. Eh bien, si le mot
indemnité exprime aussi dépréciation du sol restant, il faut
admettre une rédaction qui puisse être entendue dans ce
sens. C'est ainsi que le mot *indemnité* a été placé dans l'article 545 du Code civil; c'est dans ce sens qu'il se trouve
dans l'article 9 de la Charte; c'est aussi dans ce sens qu'il a
été interprété par les tribunaux. Quand je me suis servi des
mots *dédommagement, dépréciation,* je n'ai pas entendu parler d'une dépréciation à cause d'une valeur d'affection ou de
convenance, mais d'une dépréciation réelle. Or cette dépréciation peut avoir plusieurs causes; ces causes peuvent dé-
river de ce que le propriétaire dépossédé peut se trouver
privé d'un droit d'irrigation, d'un droit de passage, de ce
qu'il peut être obligé de construire un pont, d'établir un
bac, si sa propriété est traversée par un canal, etc... Je
pourrais citer une foule de cas de cette nature, et qui tous
feraient sentir la nécessité de l'indemnité proportionnée à la
valeur absolue et relative de la propriété. »

La Cour de Cassation a nettement formulé ce principe, lorsqu'elle a déclaré dans un de ses arrêts :

« Que l'indemnité consiste dans le payement d'une somme
d'argent mise à la disposition immédiate du propriétaire
dépossédé, et dont l'importance doit être déterminée en
raison composée de la valeur des objets expropriés et du
préjudice que le propriétaire dépossédé peut éprouver, soit
par la dépréciation de la portion de propriété qui reste dans

ses mains, soit par la dépense qu'il sera obligé de faire pour coordonner cette propriété à la disposition ultérieure des lieux... [1] »

Il a été de nouveau consacré par elle depuis la loi de 1841 [2].

Le dernier arrêt de la Cour de Cassation est ainsi conçu :

« Attendu, en droit, que nul ne peut être dépossédé pour cause d'utilité publique sans le payement d'une indemnité ; que cette indemnité doit être préalable, complète et définitive ; qu'elle doit se mesurer tout à la fois sur la valeur des parcelles expropriées et sur la dépréciation ou la plus-value du surplus de la propriété. — Attendu qu'il appartient au jury d'apprécier l'influence des travaux sur la propriété, même avant qu'elle se soit réalisée par des faits accomplis ; que l'article 51 de la loi du 3 mai 1841 l'a expressément décidé en ce qui concerne la plus-value, et que la même règle s'applique nécessairement à la dépréciation, pourvu qu'elle apparaisse comme le résultat direct et certain des travaux en vue desquels l'expropriation a été prononcée. — Attendu que s'il en était autrement, l'indemnité cesserait d'être préalable et d'être, dans ses éléments essentiels, réglée par le jury sous la garantie des tribunaux civils. — Attendu que le jury s'est donc à bon droit reconnu compétent pour apprécier les suites directes de l'expropriation et les conséquences nécessaires des travaux qui devaient en réaliser

1. Cour de Cassation : 31 décembre 1838.
2. Cour de Cassation : 8 juillet 1862 et 23 juin 1863.

l'objet, et que, dans l'état des faits, sa décision a été légale-
ment et régulièrement rendue ;... »

Mais la même Cour a décidé que le jury devenait
incompétent lorsqu'il s'agissait d'apprécier le préjudice résultant, non de l'expropriation elle-même,
mais de l'ensemble des travaux publics en vue desquels elle avait lieu [1]. Cette distinction est peut-être
un peu subtile, car, sans l'expropriation, les travaux
ne pourraient pas se faire, et dès lors l'expropriation
est toujours bien, en définitive, la cause de ces dommages.

Dommage futur et éventuel.—L'exproprié peut-il
réclamer une indemnité pour le dommage éventuel
et futur pouvant résulter de travaux ultérieurs?

La Cour de Cassation a résolu la question dans le
sens de la négative [2], notamment dans un cas où l'exproprié demandait une indemnité pour les conditions hydrauliques qui seraient faites à son moulin
par suite des travaux à exécuter.

Cette question nous paraît délicate. Sans doute, le

1. Cour de Cassation : 23 juin et 16 décembre 1862.
2. Cour de Cassation : 6 février 1854 ; 3 janvier 1855 ; 6 janvier 1862 et 3 mars 1863.

3.

jury ne peut pas statuer à l'infini sur le préjudice in-
direct causé par l'expropriation; mais d'un autre côté,
il ne faut pas que l'exproprié soit privé de ses juges
naturels (le jury spécial) lorsque la demande a pour
cause un fait résultant de l'expropriation. Sans faire
injure à la juridiction administrative, nous compre-
nons que l'exproprié aime mieux porter sa demande
devant le jury que devant l'Administration, lorsqu'il
s'agit d'un préjudice causé précisément par elle. Où
sera la distinction entre les dommages directs et les
dommages indirects, entre les dommages certains et
les dommages futurs, les uns rentrant dans la compétence du jury d'expropriation, les autres dans la compétence des tribunaux administratifs?

Nous voyons, quant à nous, un danger à ce que la
compétence du jury d'expropriation soit restreinte
par la jurisprudence dans des limites trop étroites.
Par cela même que l'exproprié préfère le jury d'expropriation, l'Administration préfère la juridiction
administrative; or, n'est-il pas à craindre que, dans
l'état de choses actuel, elle ne parvienne facilement à
distraire l'exproprié de ses juges naturels? Pour cela,
il lui suffit de compléter le moins possible le plan des
travaux qui nécessitent l'expropriation; dans cette
position, l'exproprié ne peut savoir au juste quel
sera, sur la partie de propriété conservée par lui, le

résultat définitif des travaux, et, s'il réclame de ce chef une indemnité, on lui répondra que c'est là un préjudice *futur* et *incertain* pour lequel le jury est incompétent.

En matière de construction de chemins de fer, par exemple, la question de savoir comment se fera l'écoulement des eaux coupées par la voie a une très-grande importance pour les expropriés ; ceux-ci ne savent pas, le plus souvent, au moment de leur comparution devant le jury, quels seront les travaux effectués plus tard pour assurer l'écoulement des eaux ; ils ne peuvent donc, dans l'état actuel de la jurisprudence, réclamer que l'indemnité relative à la parcelle de terre dont ils sont privés ; et cependant il arrive fréquemment que le préjudice résultant directement de l'expropriation est tout à fait insignifiant à côté de celui qui provient des travaux faits, mal faits ou non faits postérieurement à l'expropriation.

Compensation avec la plus-value. — La loi stipule que le jury doit prendre en considération, dans l'évaluation de l'indemnité, l'augmentation de valeur immédiate et spéciale produite par l'expropriation à l'égard de la partie non expropriée de la propriété [1].

1. Loi de 1841, art. 51.

Ce n'est pas sans discussion que cette disposition a été adoptée par le législateur.

Lorsque la Chambre des Députés eut à s'occuper de la loi du 7 juillet 1833, aujourd'hui remplacée par celle de 1841, mais dans laquelle se trouvait une disposition semblable, M. Martin, du Nord, éleva contre ce système de graves objections.

« Nous nous sommes demandé, disait-il dans son rapport, comment il pourrait se faire qu'un propriétaire, dépossédé d'une partie du terrain qui lui appartient, fût, à raison de la plus-value du surplus, privé de tout ou partie de son indemnité, lorsque son voisin, qui aurait conservé sa propriété intacte, ne serait obligé à aucun sacrifice à raison des avantages que devrait lui procurer le canal ou le chemin projeté ; nous nous sommes demandé si le propriétaire qui cultive son champ et qui n'a d'autre ambition que de le transmettre à ses enfants pour qu'ils trouvent, comme lui, dans ses produits annuels, des ressources pour leur famille, serait indemnisé de la perte qu'il éprouve par la prise de possession, au nom de l'État, de la moitié de sa propriété, parce que l'autre moitié paraîtrait aux yeux du jury devoir acquérir, dans la même proportion, une augmentation de valeur vénale dont il ne pense à tirer aucun profit. D'un autre côté, la prudence permet-elle d'espérer que ces hommes, tels capables qu'ils soient, puissent avec justice arriver à l'appréciation de cette plus-value ? Il est des entreprises qui donnent à ceux qui les ont conçues les plus brillantes espérances, et il n'est pas rare qu'elles soient cruellement démenties. Si pourtant l'estimation de la plus-value a été faite sous l'inspiration de ces illusions, est-il juste que le propriétaire dépossédé soit

victime de l'erreur de ses juges, lorsqu'une funeste réalité
les aura dissipées ? Procédera-t-on alors à une nouvelle estimation ? Le propriétaire recouvrera-t-il une portion quelconque de l'indemnité dont une première opération, toute
conjecturale, l'avait privé mal à propos ? Nous ne croyons
pas qu'aucun système puisse obvier à ces inconvénients, à
ces inégalités, à ces injustices. »

Remarquons, en outre, que la plus-value ne doit
pas être prise en considération, si elle s'applique non
à l'immeuble partiellement exproprié, mais à d'autres
immeubles du même propriétaire [1].

En résumé, pour que la plus-value puisse venir
en compensation d'une partie du préjudice causé, il
faut :

1° Qu'elle s'applique à une partie de la propriété
même, dont une parcelle est expropriée ;

2° Qu'elle soit immédiate, ou tout au moins qu'elle
doive se produire après les travaux consommés, dans
un délai très-rapproché ;

3° Qu'elle soit spéciale, c'est-à-dire qu'elle doive
s'appliquer non pas d'une manière vague à l'ensemble
d'un quartier ou d'un pays, mais à la propriété même,
dont une partie est expropriée.

Enfin, elle ne peut jamais être regardée comme

1. Cour de Cassation : 26 janvier 1857 et 11 mai 1859.

devant compenser *en entier* le préjudice causé par l'expropriation.

INDEMNITÉ RÉCLAMÉE PAR LE LOCATAIRE.

Les locataires doivent, comme nous l'avons vu déjà, être dénoncés par le propriétaire à l'expropriant, de telle sorte que celui-ci puisse être à même de s'entendre avec le locataire lui-même, sinon de suivre vis-à-vis de lui la procédure spéciale.

Mais si le propriétaire ne fait pas cette dénonciation, le locataire n'en a pas moins le droit d'intervenir devant le jury pour demander une indemnité convenable[1], sauf, dans le cas où sa qualité serait contestée par l'expropriant, à faire prononcer par le jury une indemnité hypothétique et à faire juger ensuite la question du fond par le tribunal civil.

Quant aux sous-locataires, le propriétaire (qui le plus souvent ne les connaît pas) n'a pas pour obligation de les dénoncer à l'expropriant.

Mais ils n'en ont pas moins le droit d'intervenir devant le jury pour réclamer une indemnité; la dénonciation faite par le propriétaire de son locataire

1. Cour de Cassation : 16 août 1852.

principal ou de ses locataires directs suffit pour sau-
vegarder les droits des sous-locataires[1].

Les locataires et les sous-locataires ont le droit de
réclamer une indemnité tant que les choses sont
entières, c'est-à-dire jusqu'au moment où, faute par
eux de s'être fait connaître, l'expropriant a obtenu
du jury, soit avec le propriétaire, soit avec le locataire principal ou le locataire direct du propriétaire,
le règlement de l'indemnité afférente à la jouissance
locative des non-réclamants[2].

Les locataires et les sous-locataires peuvent, bien
entendu, renoncer à leur droit de réclamer une indemnité de l'expropriant; mais une telle renoncia-
tion doit être expresse ; elle ne résulterait pas de ce
que le locataire serait resté dans les lieux plus de six
mois après le jugement d'expropriation et du consentement de l'expropriant.

En effet, comme nous l'avons vu plus haut (page
13), le jugement d'expropriation a pour effet de résoudre les baux ; la jouissance du locataire perd,
dans ce cas, le caractère de jouissance locative ; il n'y
a là qu'une occupation précaire qui ne peut devenir

---

1. Cour de Paris : 11 août 1862. — Cour de Cassation : 9 mars
1864.
2. Cour de Cassation : 9 mars 1864.

le principe ni d'une tacite reconduction ni d'un contrat dont le but serait de faire revivre l'ancien bail [1].

Principaux éléments de l'indemnité. — Si l'expropriation cause un grave préjudice au propriétaire, elle en cause un bien plus grave encore au locataire, surtout lorsque ce dernier exerce une industrie ou un commerce.

Le propriétaire a peu de chances de se ruiner s'il sait employer sagement les capitaux qui sont mis à sa disposition et s'il a obtenu une indemnité largement suffisante. L'industriel et le négociant ne savent jamais, au contraire, quel sera pour eux le résultat de l'expropriation, et cela à quelque somme que puisse s'élever l'indemnité allouée par le jury. L'homme qui exerce une industrie ou un commerce se préoccupe avant tout de ne pas changer de local; aussi, voit-on chaque jour des locataires subir des exigences exorbitantes de la part de leurs propriétaires pour rester dans les lieux où ils ont fondé leurs maisons, où ils sont connus et où le public a l'habitude de venir les trouver.

S'ils se voient obligés, malgré eux, de transporter ailleurs le centre de leurs affaires, ils se précaution-

2. Cour de Cassation : 20 juin et 4 juillet 1864.

nent par avance d'un local convenable; ils recher-
chent avec soin celui qui, dans le voisinage, leur
paraît le plus propre à remplacer celui qu'ils aban-
donnent; ils ne se décident qu'à la suite de mûres
réflexions, après avoir soigneusement médité les
chances de succès que semble devoir leur promettre
cette installation nouvelle; ils y établissent lentement et à leur aise un agencement approprié à leur
commerce; ils prennent le temps d'annoncer au public, par tous les moyens en leur pouvoir, leur changement de domicile, notamment en plaçant de grands
écriteaux sur les deux maisons, sur celle qu'ils aban-
donnent et sur celle qu'ils vont occuper. Enfin s'il
se présente, après leur départ, des acheteurs qui
n'aient pas eu connaissance de ce changement, ces
derniers retrouvent au moins la maison où était le
commerçant qu'ils venaient chercher, ils peuvent
s'adresser au locataire qui l'a remplacé, au concierge,
aux voisins pour se renseigner.

En cas d'expropriation, il en est tout autrement.
Le commerçant expulsé est obligé de chercher un
local à la hâte, de déguerpir au plus vite et de s'ins-
taller précipitamment dans un local nouveau. Il paye
plus cher : d'une part, parce que l'expropriation rend
les locaux, tout au moins provisoirement, plus rares,
et d'autre part, parce qu'il est très-pressé de trouver;

il est obligé de choisir une boutique ou un magasin, sans avoir eu le temps de réfléchir aux bonnes ou mauvaises chances de l'avenir; il s'y installe à grands frais, sans être à même d'organiser convenablement son agencement intérieur; il fait connaître tant bien que mal, plutôt mal que bien, son déménagement forcé, certain d'avance que bon nombre de personnes qu'il désirerait en voir averties ne le seront pas.

Et si, comme cela arrive fréquemment, des rues entières disparaissent, si le quartier où il se trouvait est tout à coup bouleversé par l'expropriation, il se voit obligé d'aller au loin, d'abandonner le milieu dans lequel il vivait et prospérait, pour se jeter dans un milieu nouveau où il est inconnu et où d'autres commerçants de la même partie ont déjà une position acquise.

De ce changement brusque et hâté, de ce bouleversement dans ses habitudes intérieures, dans ses affaires et dans ses relations, que résultera-t-il? Personne ne le sait, ni l'expropriant qui le chasse, ni le jury qui apprécie l'indemnité à lui allouer, ni lui-même, car pour lui l'avenir est désormais incertain.

Sans doute il est possible que la fortune lui soit propice; mais il est possible aussi qu'elle lui soit funeste.

Tel commerçant qui dans un local restreint, sans

luxe, avec un agencement plus que médiocre, amassait chaque année un pécule dont il enrichissait sa famille, va peut-être se trouver gêné ou même ruiné dans un local nouveau, plus chèrement payé, plus luxueusement agencé, situé au milieu d'un quartier à l'aspect monumental et grandiose. Il sera obligé de changer ses habitudes commerciales; ses clients, non avertis pour la plupart du lieu où il s'est fixé, le chercheraient inutilement au milieu de rues transformées ou supprimées; ils ne se donneront pas cette peine et aimeront mieux faire des affaires avec un autre commerçant. Quant à lui, il sera contraint de refaire une maison, de courir les chances aléatoires d'une telle entreprise, alors peut-être que son âge et sa santé ne lui laisseront plus l'activité nécessaire. Aussi, quand l'expropriant taxera la demande d'exagérée et la flétrira de l'épithète de spéculation, quand il emploiera le sarcasme ou disséquera chacun des éléments de l'indemnité réclamée, l'exproprié aura le droit de lui répondre : « Je ne suis pas un spéculateur, car je ne demande rien si vous voulez me laisser le local que je possède, où je vis modestement de mon travail quotidien, où je fais mes affaires pour me préparer une aisance dans l'avenir, entretenir ma famille, élever mes enfants et remplir mes devoirs d'honnête homme. Je connais la valeur de ce que

vous m'enlevez, je ne sais pas ce que l'avenir me
réserve, et si plus tard je suis gêné dans mes affaires
ou ruiné dans ma fortune par le brusque changement que vous m'imposez, est-ce vous qui viendrez
me soutenir et me relever, qui réparerez le mal invo-
lontaire que vous m'aurez fait, et qui donnerez à mes
enfants la position que j'avais le légitime espoir de
leur laisser en me séparant d'eux à tout jamais? »

En présence de ces éventualités terribles, l'exproprié a bien le droit d'insister sur chacun des éléments
de l'indemnité qu'il réclame.

Ces éléments varient suivant la profession de
chaque exproprié, le prix et la durée du bail, etc.

Si le locataire n'exerce aucune profession, il a le
droit de demander une indemnité représentant la dépense du déménagement qu'il sera obligé de faire, le
prix des détériorations que ce déménagement peut
causer au mobilier, ainsi que les frais de réinstalla-
tion et d'agencement d'un nouvel appartement ;
enfin, s'il est établi que ce locataire avait un bail
avantageux, il pourra obtenir une indemnité calculée
sur la durée restant à courir du bail résolu par l'expropriation, indemnité représentant la différence
entre le prix de la location d'après ce bail, et le prix
que le locataire devra être obligé de payer pour se
replacer dans les mêmes conditions qu'autrefois.

Si le locataire exerce une profession pour laquelle il ait besoin de se mettre constamment en rapport avec le public, il a droit, non-seulement aux indemnités dont nous venons de parler, mais encore à une indemnité pour le préjudice que son déplacement forcé peut lui causer au point de vue de sa clientèle. Comme médecin, avoué, agréé, ingénieur, chimiste, architecte, etc., etc., il peut avoir un grand intérêt à rester dans le local où il exerce sa profession depuis longtemps.

Mais c'est surtout lorsque le locataire est industriel ou commerçant que les éléments d'appréciation deviennent plus nombreux. Pour lui, l'expropriation est une cause de grave préjudice; elle peut même, dans certaines circonstances, amener la perte complète d'une maison. Aussi le jury a-t-il raison de se montrer large vis-à-vis des locataires de cette catégorie.

Ceux-ci ont évidemment le droit de réclamer :

1° *Remboursement des frais d'installation et d'agencement du local exproprié :* Une indemnité pour les frais d'installation et d'agencement des localités qu'ils sont obligés d'abandonner, sauf au jury à déduire, du montant de ces frais, une somme compensant la jouissance que le locataire en a eue jusqu'au moment de l'expropriation.

2° *Frais d'installation et d'agencement du local nouveau :* Une indemnité pour les frais d'agencement et d'installation dans un nouveau local, de transport de marchandises, etc.

3° *Frais de publicité :* Une indemnité pour les frais de publicité à faire, dans le but de faire connaître à tous le changement de domicile du négociant exproprié.

4° *Augmentation de loyer :* Une indemnité pour l'augmentation de loyer que le locataire sera obligé de supporter en changeant de maison, ladite indemnité calculée sur la durée qui restait à courir du bail résolu.

5° *Perte de clientèle et d'achalandage :* Une indemnité pour la perte de la clientèle, de l'achalandage, etc., résultant du déplacement forcé du réclamant; ce dernier préjudice varie suivant la nature du commerce et de la clientèle de chaque maison : ainsi le commerce de détail, qui vit presque exclusivement, d'ordinaire, des achats faits par les pra-

tiques de passage ou du voisinage, perd beaucoup
plus, sous ce rapport, que le négociant en gros
dont une grande partie des affaires a lieu par corres-
pondance.

Sur tous ces points, on ne pourrait poser ni règles
absolues, ni principes généraux ; on ne peut que men-
tionner les éléments laissés, le plus souvent, à l'appréciation du jury.

Observons, en terminant sur ce point, que le locataire doit faire des réserves pour les six mois de loyer
d'avance qu'il aurait payés au propriétaire, de telle
sorte que ce dernier ne puisse pas élever une fin de
non-recevoir contre la réclamation qui serait formée
plus tard à cet égard par le locataire exproprié.

Cas où l'indemnité est contestée. — Il nous paraît
utile de rechercher dans quels cas le principe de l'indemnité peut ou ne peut pas être contesté par l'expropriant.

Bail n'ayant pas date certaine. — L'Administration a-t-elle le droit de refuser toute indemnité au
locataire qui présente un bail ou un renouvellement
de bail n'ayant pas date certaine?

Pendant longtemps elle a soutenu avoir ce droit,
et nous devons dire que son système avait été tout

d'aboid adopté par plusieurs arrêts de Cours impériales et de la Cour de Cassation [1]. On s'appuyait, dans cette opinion, sur les dispositions du Code Napoléon [2], d'après lesquelles l'acquéreur d'un immeuble a le droit d'expulser, sans indemnité, les fermiers ou locataires ne produisant ni un bail authentique, ni un bail sous seing privé ayant date certaine; on soutenait que l'expropriant, devenu acquéreur par suite de l'expropriation, avait, comme tout autre acquéreur, le droit d'user du bénéfice de la loi générale.

Mais cela n'était, suivant nous, conforme ni au droit ni à l'équité.

L'expropriant n'est pas un acquéreur ordinaire, et ne saurait avoir les mêmes droits.

L'acquéreur ordinaire ne s'impose à personne.

L'expropriant s'impose au propriétaire et au locataire.

En cas de vente, le locataire expulsé par l'acquéreur a son recours contre le propriétaire vendeur, et celui-ci se trouve couvert de l'indemnité qu'il pourra devoir au locataire expulsé par l'augmentation de

---

1. Cour de Paris : 16 mai 1854. — Cour de Lyon : 16 mars 1855. — Cour de Paris : 20 juillet 1858. — Cour de Cassation : 15 février 1860.

2. Art. 1328 et 1750.

prix qu'il aura obtenue de l'acquéreur, en ne l'obligeant pas à exécuter le bail sans date certaine.

En cas d'expropriation, au contraire, ou le propriétaire ou le locataire se trouveraient nécessairement frustrés dans leurs intérêts légitimes.

En effet, de deux choses l'une :

Ou bien le locataire pourrait, en usant de la loi générale, exercer un recours contre le propriétaire exproprié, et alors celui-ci serait lésé, puisque l'indemnité qu'il aurait à donner à son locataire sans bail ayant date certaine viendrait diminuer d'autant celle que lui allouerait le jury.

Ou bien le locataire n'aurait aucun droit ni vis-à-vis de son propriétaire exproprié, ni vis-à-vis de l'expropriant, et alors il serait ruiné par suite de l'expropriation, c'est-à-dire d'un fait complétement indépendant de sa volonté et qu'il ne pouvait empêcher.

Un tel résultat serait inadmissible comme constituant une iniquité flagrante.

Resterait donc l'autre résultat prévu par nous, c'est-à-dire l'obligation, pour le propriétaire, d'indemniser directement son locataire. Mais ici encore nous constatons une injustice telle, qu'elle ne peut évidemment être consacrée par la justice. Pour éviter cette injustice, le seul moyen serait de faire entrer

4

dans l'indemnité allouée par le jury au propriétaire le montant de celle due par lui à son locataire, et nous ne voyons pas en quoi il pourrait être utile à l'expropriant de refuser au locataire le droit de réclamer en son nom personnel une indemnité devant le jury.

Nous sommes heureux de dire que, dans ces derniers temps, la jurisprudence s'est prononcée d'une manière formelle en faveur du locataire[1], et nous croyons devoir donner ici le texte d'un arrêt fort important de la Cour de Cassation.

Cet arrêt est ainsi conçu :

« Attendu que la loi du 3 mai 1841, en traçant les formes et conditions de l'expropriation pour cause d'utilité publique, a voulu assurer, non-seulement aux propriétaires expropriés, mais encore aux autres intéressés, notamment aux locataires et fermiers, toutes les garanties d'une juste et préalable indemnité ;

« Qu'il résulte des articles 29 et 39 de ladite loi que l'expropriant est substitué au propriétaire, quant à l'indemnité due à raison de l'inexécution des baux, pourvu que la déclaration du propriétaire faisant connaître les droits des locataires et fermiers ait lieu dans les formes et délais voulus par la loi ; qu'en effet l'article 21 de la loi précitée veut que le propriétaire, dans la huitaine de la notification du jugement d'expropriation, appelle et fasse connaître à l'adminis-

---

1. Cour de Lyon : 7 août 1855. — Cour de Grenoble ; 30 août 1856. — Cour de Cassation : 17 avril 1861.

tration ses fermiers et locataires, et qu'à défaut de le faire, il reste seul chargé envers eux des indemnités auxquelles ils auraient droit ; attendu qu'il résulte clairement de cette disposition que les propriétaires, en s'y soumettant, sont désormais affranchis des conséquences d'une dépossession qui ne procède pas de leur fait, et que l'expropriant est tenu, en leur lieu et place, d'indemniser comme ils auraient été obligés de le faire eux-mêmes, lesdits fermiers ou locataires, au même titre et de la même manière, du préjudice résultant de l'expropriation ; attendu que ces dispositions spéciales de la loi d'expropriation pour cause d'utilité publique dérogent, en ce point, aux règles du droit commun, telles qu'elles sont formulées aux articles 1328 et 1730 Code Napoléon ; qu'il ne suffit donc pas qu'un bail, à défaut d'enregistrement ou de l'une des circonstances déterminées par la loi, n'ait pas date certaine à l'égard des tiers, pour que l'expropriant soit dispensé de l'obligation d'indemniser le fermier ou le locataire, lorsque d'ailleurs ce bail a été passé de bonne foi et sans fraude, ce qu'il appartient aux tribunaux d'examiner ; attendu, en fait, qu'il est constaté par l'arrêt attaqué que le bail et les droits du fermier Louvat avaient été dénoncés à la compagnie expropriante dans les formes et délais prescrits par la loi ; qu'il est, de plus, déclaré par ledit arrêt que la sincérité et la preuve du bail résultaient de tous les documents et circonstances de la cause ; et que, dans cet état, l'arrêt attaqué, en décidant que le bail de Louvat, quoique non enregistré, pouvait être opposé à la compagnie expropriante, n'a pas violé les articles invoqués ni aucune autre loi. »

Il faut donc reconnaître qu'en principe le locataire qui présente un bail ou un renouvellement de bail n'ayant pas date certaine peut néanmoins réclamer à ce titre une indemnité, sauf au jury à apprécier la bonne foi du réclamant, en vertu de la disposition spéciale de la loi qui constitue le jury juge de la sincérité des actes produits et de l'effet des actes qui seraient de nature à modifier l'évaluation de l'indemnité [1].

Cependant, si l'expropriant déclarait formellement refuser au locataire le droit d'intervenir, le jury serait obligé d'accorder seulement une indemnité hypothétique en renvoyant la question du fond devant les tribunaux compétents.

Bail contenant abandon de tout recours pour le cas de démolition, vente ou échange.— On s'est également demandé si le locataire aurait droit à une indemnité dans le cas de clauses spéciales insérées au bail : par exemple, si le locataire s'était obligé à n'exercer aucun recours contre son propriétaire si ce dernier voulait démolir sa maison, la vendre ou l'échanger avec un autre immeuble, et faire immédiatement cesser la location.

La Cour de Cassation a décidé que, dans cette hypothèse, le locataire n'avait aucun droit à une indemnité [2]; mais nous devons dire que l'arrêt consacrant

1. Loi de 1841, art. 48.
2. Cour de Cassation : 13 mars 1861.

ce principe a été rendu par la Cour suprême à une époque très-rapprochée de celle où elle refusait tout droit à une indemnité au locataire qui présen-. . tait un bail n'ayant pas date certaine.

D'un autre côté, le tribunal civil de la Seine et la Cour impériale de Paris se sont prononcés en faveur du locataire; cette dernière opinion nous paraît la seule admissible.

Ainsi que nous l'avons vu (page 60), il y a une distinction capitale à établir entre la vente volontaire et l'expropriation, entre la position du locataire vis-à-vis de son propriétaire en cas de vente, et sa position vis-à-vis de l'Administration en cas d'expropriation.

Il ne saurait donc être permis à l'expropriant d'invoquer en sa faveur des conventions faites en dehors de lui, et en prévision d'un cas tout autre que celui qui se présente.

D'ailleurs, en fait, il peut y avoir pour le locataire une grande différence entre la vente volontaire et l'expropriation. En effet, la vente volontaire laisse intactes les maisons environnantes dans lesquelles le locataire évincé pourra trouver un local nouveau; l'expropriation attaque le plus souvent, au contraire, un nombre plus ou moins considérable de maisons, soit dans la même rue, soit dans le même quartier,

4.

et rend par conséquent plus difficile, pour le locataire exproprié, la recherche de nouveaux locaux qui puissent lui convenir.

L'arrêt de la Cour de Paris qui consacre le système de droit soutenu par nous est ainsi conçu :

« En ce qui touche les conclusions subsidiaires de la ville de Paris, tendant à ce qu'il soit fait application à Bernardin et à Crest de la clause de leur bail, aux termes de laquelle, en cas de démolition, ils ne peuvent avoir aucun droit à aucune indemnité : attendu que cette clause ne peut avoir une autre portée et une autre interprétation que celles que les parties contractantes ont entendu lui donner; attendu qu'il est évident que cette clause n'a jamais eu pour objet, de la part des locataires, de renoncer à une indemnité pour le cas d'expropriation; qu'elle n'a été insérée au bail que pour exonérer le propriétaire, dont la maison était sujette à reculement, de toute action personnelle qui pourrait lui être intentée pour le cas où il serait tenu de reconstruire; qu'à cet égard il ne peut y avoir de doute, puisque dans l'un de ces baux il s'engage à donner la préférence à son ancien locataire pour la boutique nouvelle qui serait reconstruite, et que l'autre est en date de 1848, à une époque, conséquemment, où il ne pouvait être dans les prévisions des parties contractantes qu'une expropriation pour cause d'utilité publique pourrait intervenir; attendu, dès lors, que l'on doit reconnaître que, comme conséquence de l'expropriation, les baux de Bernardin et de Crest se sont trouvés annulés de plein droit; que la continuation de ces baux ne peut leur être imposée, et qu'ils sont fondés à réclamer le payement des indemnités hypothétiques fixées par le jury d'expropriation, à savoir : Bernardin, la somme de 20,000 fr., et Crest, la somme de 25,000 fr. »

Bail contenant abandon du droit à une indemnité pour le cas d'expropriation. — On a élevé encore la question de savoir si le locataire avait le droit de demander une indemnité devant le jury lorsque son bail stipulait, qu'en cas d'expropriation pour cause d'utilité publique, le contrat serait résilié sans indemnité.

La Cour de Paris s'est prononcée par plusieurs arrêts contre le locataire [1].

Un auteur, M. Daffry de la Mennoye, pense que la clause de résiliation sans indemnité ne peut être invoquée par l'expropriant qu'autant qu'elle est conçue en termes généraux et que rien n'en restreint au bailleur seul le sens et l'application [2].

Enfin la Cour de Rouen, la Cour de Paris elle-même et plusieurs auteurs accordent, dans tous les cas, au locataire le droit de demander une indemnité devant le jury [3].

1. Cour de Paris : 9 avril 1842; 24 décembre 1859; 24 février 1860.
2. N° 361.
3. Cour de Rouen : 12 février 1847. — Cour de Paris : 2 avril 1852. — Malapert et Protat, n° 437. — Dufour, n° 150. — De Peyronny et Delamarre, n° 528.

Nous avons eu, pour notre part, l'honneur de soutenir, en 1859, les intérêts d'un locataire devant la Cour de Paris et, malgré les arrêts rendus en sens contraire, nous croyons devoir persister dans notre opinion.

Nous espérons avoir démontré plus haut que l'expropriant ne saurait invoquer le bénéfice des stipulations faites par le propriétaire dans son intérêt personnel. On comprend que le locataire ait pu prendre l'engagement de ne réclamer aucune indemnité *à son propriétaire* en cas d'expropriation. Mais on ne comprendrait pas qu'il eût d'avance renoncé à tout recours vis-à-vis d'un tiers (l'expropriant) qui n'est pas partie au contrat et dont le propriétaire n'avait pas à prendre les intérêts.

Nous ne voyons qu'un seul cas où le locataire serait dans l'impossibilité de réclamer aucune indemnité devant le jury : ce serait celui où, par la convention, le locataire se serait engagé, pour le cas d'expropriation, à n'exercer aucune action en indemnité ni contre le propriétaire, *ni contre l'expropriant*.

Sans doute un locataire sans bail n'a pas le droit de réclamer une indemnité au propriétaire qui lui donne congé. Cependant la ville de Paris accorde toujours une indemnité d'un ou de deux trimestres lorsqu'elle donne congé pour cause d'expropriation.

A plus forte raison, le locataire avec bail peut-il réclamer le dommage que la Ville lui cause, sauf au jury à tenir compte de la situation que lui faisait son bail.

La Ville a prétendu, il est vrai, que ce n'était là qu'une générosité de sa part ; mais il a été reconnu que cette générosité était une véritable obligation.

VISITE DES LIEUX PAR LE JURY.

Lorsque la discussion est close, les jurés éprouvent souvent le besoin, pour s'éclairer, de visiter les lieux ou de les faire visiter par l'un ou par quelques-uns d'entre eux [1].

Cette visite a une très-grande importance pour ou contre les expropriés ; car, de l'impression que les jurés emportent de cette visite dépend le plus souvent l'allocation de l'indemnité. Aussi est-il vivement à désirer qu'il ne soit exercé aucune influence sur le jury pendant cette visite.

---

1. Loi de 1841, art. 37, § 3.

DÉLIBÉRATION DU JURY.

La discussion terminée, la clôture de l'instruction est prononcée par le magistrat directeur [1].

Les jurés se retirent immédiatement dans leur chambre, ou restent dans la salle d'audience après que cette salle a été évacuée par le public [2].

Ils délibèrent sans désemparer, sous la présidence de l'un d'eux, qu'ils désignent à l'instant même [3].

DÉCISION DU JURY.

Le jury est, en principe, parfaitement maître d'apprécier comme il l'entend le chiffre de l'indemnité à allouer à l'exproprié. Ainsi lorsque, dans le cas de prise de possession d'urgence, le tribunal a fixé la somme qui devait être consignée par l'expropriant pour la garantie des droits de l'exproprié, le jury peut néanmoins fixer une somme plus forte et, dans ce cas, l'expropriant doit consigner le supplément dans

1. Loi de 1841, art 38.
2. Loi de 1841, art. 38.
3. Loi de 1841, art. 38.